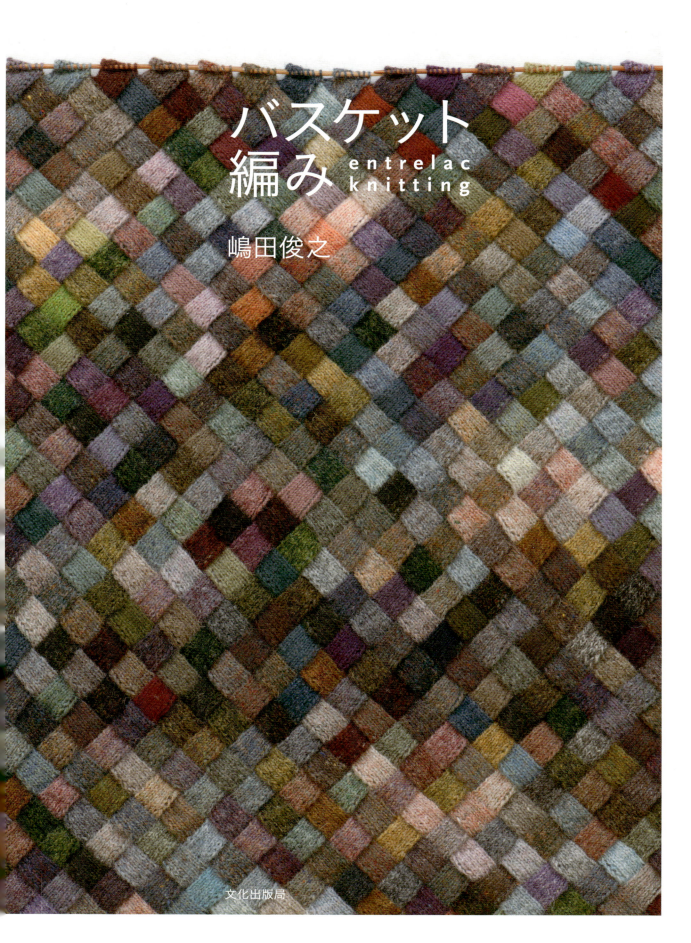

バスケット編み
entrelac knitting
嶋田俊之
文化出版局

モチーフを一筆書きのように編みつないでいくバスケット編み。
今までの拙著の中でもウェアから小物まで、ときには、多少なりとも驚きと楽しさを添えて度々紹介してきましたが、改めて、新たな可能性を広げてみようと思いました。
基本の編み方のルールを理解してしまえば、モチーフを一つ、また一つと、編みつなぐおもしろさが止まりません。
見て、編んで、楽しみ、また、さらなる展開へのヒントになれば幸いです。

嶋田俊之

contents

モザイクマフラー　4・57

ストライプ柄の三角ストール　6・58

V字ストライプの三角ストール　8・62

ソックス メンズとレディースと子どもサイズ　10・59

2目ゴム編みの2ウェイキャップ（ネックウォーマー）とミトン　12・64

2目ゴム編みのかかとなしソックス　15・64

チェック柄のマフラー　16・67

風車のミテーヌ　18・68

イレギュラーモチーフのマフラー　20・70

ヘルメットキャップ　22・72

アタッチメントフード　24・75

フードスカーフ　26・77

お手玉のラリエット　28・80

ボトルネックベスト　30・80

イレギュラーモチーフのハイネックヨークカラー　32・84

七宝つなぎのマフラー　34・83

ツイストモチーフのマフラー　34・86

ラティスモチーフのネックウォーマーとリストウォーマー　36・86

棘のモチーフのネックウォーマーとリストウォーマー　38・88

コサージュ2種とネックアクセサリー　40・90

ケルト模様のマフラー　42・92

木の葉もようのマフラーとベレー　44・93

キノコのベレー　46・96

基本のバスケット編み　47

基本のテクニック　98

この本で使用した糸　103

モザイクマフラー

いちばん基本の編みつなぎ方。
ただただ一枚ごとに色を替えて。
その時々の自分が日記のようにあらわれる。
無心に作っているようで、
何かに憧れ、恋しているようで、
また、ひそかな孤独もあるように思う。
好きな色、好きな糸、好きな大きさで。
→PAGE 57

ストライプ柄の三角ストール

糸を使い切りたいのに、
半端に余ってしまった糸を気にする人のために。
背中心の裾から編み始めるので
糸がなくなるまで編めます。
段染めのモヘアに
列ごとに添える色糸を替えて。
2本どりで生まれた微妙な新しい色調と、
モヘアの表情に助けられ、ふんわりと。
→PAGE 58

V字ストライプの三角ストール

首のうしろから編み始めて、
色の流れに動きを。
色味の違う段染めの糸を3つ使い、
シャープになりすぎないように。
計算しつくしてから具現化する
楽しみもあるけれど、
どんな風になっていくか、
色を替えながらの楽しみも。
好きな大きさになったら編み終わり。
→PAGE 62

**ソックス
メンズとレディースと子どもサイズ**

段染めの糸は、
次々と出てくる色が決まっているので、
編む前から主張がありすぎて、時として
編み地との相性さがしに翻弄されます。
さんざん試してみて、
ネップ入りの無地に落ち着くことに。
改めて、バスケットの編み地自体の
存在感のある個性を知った気がします。
小さいサイズは列ごとに色を替えて、
アルルカン風に。
→PAGE 59

**2目ゴム編みの
2ウェイキャップ
(ネックウォーマー)と
ミトン**

たった6枚のモチーフで
ラグビーボール状にして、
ダブルに折り込んでキャップに。
14ページのように
ボタンをとめてネックウォーマーに。
ミトンはそれのバリエーション。
親指への目の流れがつながるように。
ゴム編みのフィット感もほどよく、
静かな色に細いモヘアを添えて
やさしい着け心地。
ぐるぐる渦巻くようなモチーフの表情が、
かすかな動きを与えています。
→PAGE 64

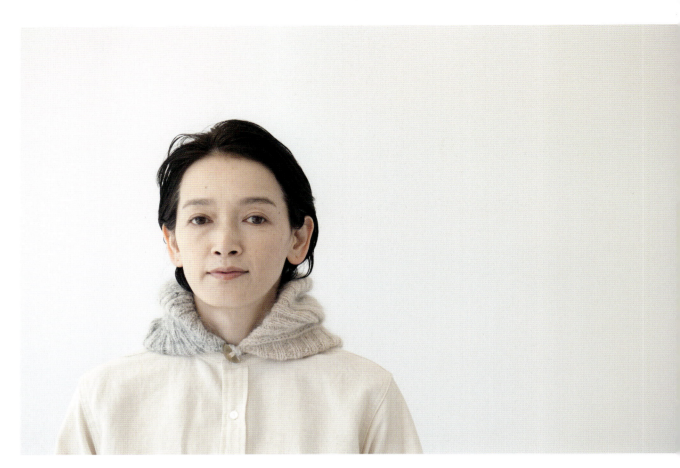

2目ゴム編みのかかとなしソックス

2目ゴム編みの目をスパイラルにずらしながら、
まっすぐ編む伝統ニットのソックスがある。
ならば、バイアスにモチーフを配しても
同じフィット感で、かかとなしで編めるはず。
特に肌に触れるものは、できるだけ自然素材をえらんでいる。
化学繊維の耐久性や扱いやすさも時として魅力だが、
履き心地や吸汗作用は、
強引な処理をしていないウールには適わない。
極上のウールに、耐久性のために強いモヘアを添えて。
かかとがない分、回して履けるので傷みもより少ないはず。
→PAGE 64

チェック柄のマフラー

細い糸を3本どりに。
3色をどの割合で引きそろえるのか。
改めて、チェックの織り地をながめつつ。
たて糸によこ糸を織り込むのとは違い、
1モチーフごと積み重ねる、また別のおもしろさ。
かのこ編みの表情が厚みを作り、
織物っぽくもなったような。
子どものころ、好きな色のギンガムで、
母に弁当袋を作ってもらったことを思い出した。
→PAGE 67

風車のミテーヌ

1モチーフの中で色を替える編み地は
あちこちで見かけるけれど、
なかなか魅力的なものがない。
色々試していたら閃いた。
小さなもののほうが、可愛さが増すと思い
ミテーヌに落とし込みました。
モチーフのあつまる立体感が、より風車らしい。
全く同じものを2枚編むことで、
風が吹きぬけるように風車が回る方向も同じになり、
全部の色が目の前に。
上下左右、どちらにもはめることができます。
→PAGE 68

イレギュラーモチーフのマフラー

横一列に、同じ目数と段数の
モチーフで編み進めるのが一般的。
もし、大きさの違うモチーフから編み始めたら。
拾い目と編みつなぐ規則性は基本と同じでも、
いろいろな四角が次々に生まれて
編みつなぐことができました。
ジオメトリックな個性。
色を3色にして、より動きを出して。
→PAGE 70

ヘルメットキャップ

北欧で古くからよく見かけるこの形は
ガーター編みで編み、
あとでとじはぎをするのが一般的です。
こちらは、モチーフを立体に組み込んで、
編みつなぎながら一気に仕上げてみました。
周りの皆が、一度はかぶりたがる、不思議な可愛さ。
このままでもよく、フードやヘルメットを重ねても。
→PAGE 72

アタッチメントフード

いつものコートやジャケットから
フードを出して着せ替え。
または、ヨーク部分も見せて上から重ねても。
フード部分は、トップから編みつなぎながら立体にし、
所々モチーフの色を替えて、あられ風に。
ヨーク部分もバスケット編み地にできますが、
コートの下に収める厚みを考えて、ゴム編みの扇状に。
マフラー以上のあたたかさです。
→PAGE 75

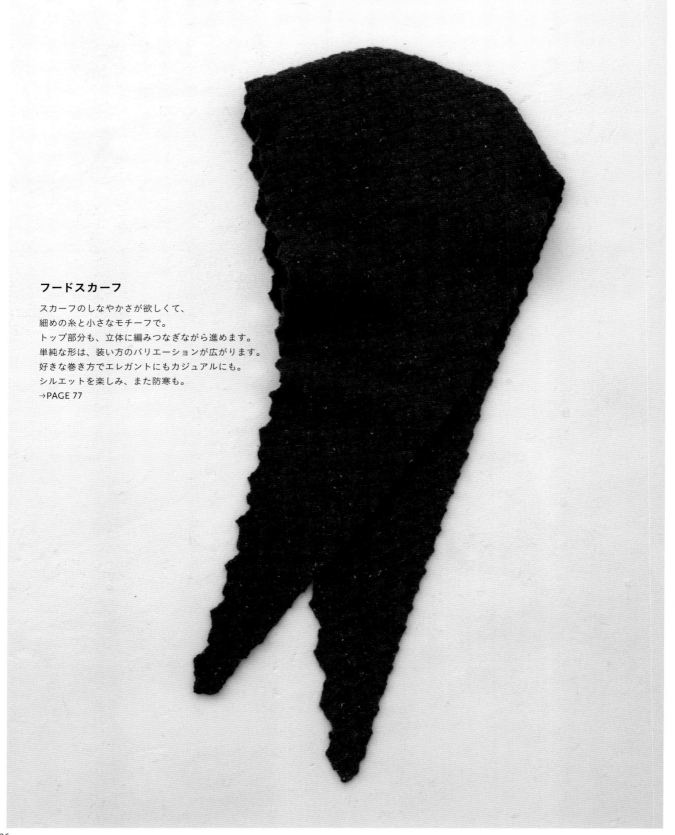

フードスカーフ

スカーフのしなやかさが欲しくて、
細めの糸と小さなモチーフで。
トップ部分も、立体に編みつなぎながら進めます。
単純な形は、装い方のバリエーションが広がります。
好きな巻き方でエレガントにもカジュアルにも。
シルエットを楽しみ、また防寒も。
→PAGE 77

お手玉のラリエット

4枚のモチーフを編みつないで。
色、つなげ方は自由に。
不ぞろいのほうが可愛く、多少大きさを違えて。
木の実のようにも見えますが、
昔、お正月飾りに、もなかの皮のような、
きれいな色の餅花を柳につけた記憶の中の楽しさ。
わずかな余り糸でできます。
→PAGE 80

ボトルネックベスト

多少Aラインになるように、
モチーフの大きさを少しずつ変えて。
編み地が引き立つように、
袖ぐりはすっきりと、裾と衿は編みっぱなし。
モチーフ5枚を編みつなぎ、
立体的にネックを立ち上げて。
さざなみの寄せる表情の中に、
大海原の深さも秘めて。
→PAGE 80

イレギュラーモチーフの
ハイネックヨークカラー

前述のイレギュラーモチーフのマフラーを
さらに展開させて。
大きさの違う、小さな3種のモチーフから始め、
拾い目と編みつなぐ基本の規則性はそのままに、
モチーフを大きくする新たなルールを
ひとつだけプラス。
編みつなぎの決まりごとを守れば、
編み図なしでもどんどん編めます。
既成のテクニックから解き放たれたような自由さ。
石畳にも似た表情が、落ち着きを与え、
どこかで見た古い街並み。
→PAGE 84

七宝つなぎのマフラー

モチーフの角だけ編みつないで。
すきまが連なり七宝つなぎのようにも。
編み地の反り返りを避けて
ガーター編み地に。
かぎ針で縁編みを。
→PAGE 83

ツイストモチーフのマフラー

拾い、編みつながず、ねじり、
今までにない不思議な編み方。
どこにでも、ねじってすきまを作ることが可能。
ここでは横一列に規則正しく。
植物の蔓のよう。
→PAGE 86

ラティスモチーフの
ネックウォーマーと
リストウォーマー

まっすぐな編み地からモチーフを編み出し、
格子のようにすきまを作って編みつなぐ。
大理石のような冷たい静けさに、
小さな三角の縁飾りでやさしさを添えて。
→PAGE 86

棘のモチーフのネックウォーマーとリストウォーマー

どこから目を拾い、どこに編みつなぐか、
それだけで、不思議なカタチになっていく。
リストウォーマーは、
オーバーサイズに作って上着の袖に重ねても。
シンプルなアイテムに加えて新たな装い。
→PAGE 88

コサージュ2種と
ネックアクセサリー

棘のモチーフを編んで、しぼったら。
裏に台座をまるく編みつけ、ビーズでしあげ。
おもてうらを逆にして、ひまわり風。
葉をつけたり、リボンをつけたり、
アクセサリー作りは楽し。
→PAGE 90

ケルト模様のマフラー

ケルト風のアラン模様をモチーフにはめ込んで。
大きなギザギザが、ワイルドな中に
コケティッシュな個性を引き出し、
ダイナミックな立体感と色が
石に彫られたケルトの模様を彷彿させる。
→PAGE 92

**木の葉もようの
マフラーとベレー**

何度か紹介してきた木の葉もようは
いまやアイコン的パターンに数えられることも。
マフラーは、大小さまざまな葉と実をはめ込み、
パイピングを枝に見たて、
伸びていく一幅の絵のように。
ベレーは、5本の枝、5枚の葉が戯れて。
新しい木の葉もようのスタイル。
→PAGE 93

キノコのベレー

モチーフの中に、編み込み柄をはめ込むとき、
４５度の傾きの活きるパターンがほしい。
あちこち踊る、ベニテングダケ。
ファンシーになりすぎぬよう、
ツバもツボも後から刺して。
バスケット編みのギザギザをのこしたままトップへ。
丘の上のチョボ（突起）には、立体の小さなキノコを。
→PAGE 96

基本の バスケット編み

バスケット編みは、四角いメリヤス編みのモチーフの目と段を編みつないだ編み地です。ここでは、最もシンプルなバスケット編み
- **A** すべてのモチーフが四角
- **B** 周囲を三角にして直線で囲む
- **C** 輪に編む

をわかりやすいように2色で編んで説明をします。本書の各作品は、それぞれの編み方ページをごらんください。

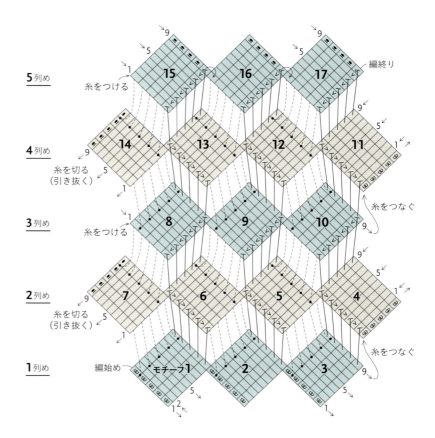

A
すべてのモチーフが四角

$\dfrac{1モチーフ}{5目9段}$ × $\dfrac{5列}{17モチーフ}$

基本になるモチーフ、5目9段を編みます

1列め
モチーフ1

① 左手に棒針と糸端を持ち、右の人さし指に向うから糸をかけ、棒針を通します
② 作り目1目出来上りです
③ 同じようにして5目作ります(1段め)=巻き目
④ 手前から針を入れて表編みを5目編みます(2段め)
⑤ 持ち替えて裏編みを編みます(3段め)
⑥ 同様にして9段めまで編みます

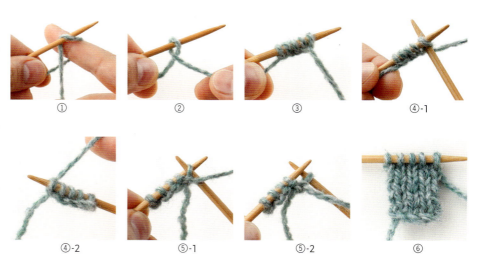

47

続けてモチーフ2を編みます

1列め / モチーフ2

⑦ モチーフ1に続けて、モチーフ1①〜③と同じように5目作り目します
⑧ 表編み5目編みます
⑨ 持ち替えて裏編みを5目編みます
⑩ 続けて9段まで編んでモチーフ2ができました

⑦

⑧

⑨

⑩

1列めの右端、モチーフ3まで編みます

1列め / モチーフ3

⑪ モチーフ1、2と同様に5目作り目します
⑫ 同じように9段編んでモチーフ3ができました

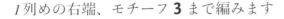

⑪　　　　　　　　　⑫

モチーフ4はモチーフ3とつなぎながら編みます

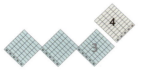

2列め / モチーフ4

⑬ 糸を切って、新しい糸を結んでつなぎます
⑭ 新しい糸で今までと同様に5目作り目します
⑮ 表編み4目編みます
⑯ 次の目は、表編みを編むように針を入れて右針に移します（すべり目・外れたように見えますがそのままに）
⑰ モチーフ3の右端の目を表編みにします
⑱ すべらせた目をかぶせます
⑲ 右上2目一度でモチーフ3と4が1目つながりました
⑳ 持ち替えて最初の目をすべり目にします
㉑ 次の目からは裏編みを編みます
㉒ 表編みの段で、⑯〜⑲のように針を動かし右上2目一度でつないで9段まで編みます

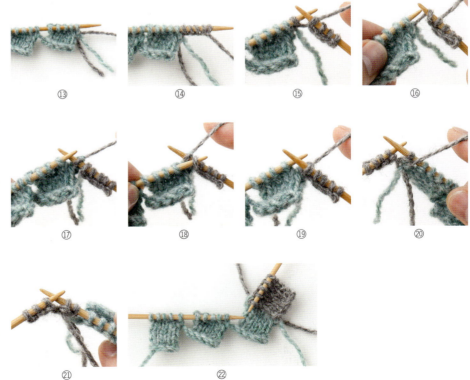

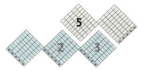

モチーフ**5**はモチーフ**3**から拾い目し、
モチーフ**2**とつなぎながら編みます

2列め
モチーフ**5**

㉓ モチーフ**3**の端に右針を入れ、糸をかけて引き出します
㉔ 同じように1目内側から4目拾い出します
㉕ 5目めの位置に右針を入れます
㉖ 続けてモチーフ**2**の右端の目を表目で編みます
㉗ ㉕の目をかぶせます。モチーフ**5**の5目めを拾い出しながらモチーフ**2**が1目つながりました
㉘ 持ち替えて、すべり目1目します
㉙ 次から裏目4目編みます
㉚ 持ち替えて表編み4目編み、5目めは、表目を編むように針を入れて右針に移し次の目と右上2目一度にします
㉛ ㉘～㉚を繰り返して9段まで編みます

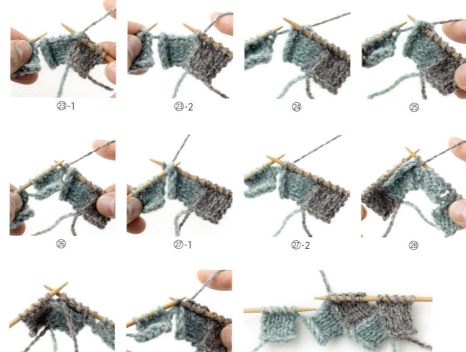

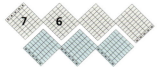

モチーフ**7**の編終りは伏止めです

2列め
モチーフ**6,7**

㉜ ㉓～㉛を繰り返してモチーフ**6**を編み、モチーフ**7**を拾います
㉝ 裏編みで編み戻ります
㉞ 8段まで増減なく編みます
㉟ 9段めは、表目2目編み、1目めを2目めにかぶせ、伏止めにします★
㊱ 次の目からは裏編みの伏止めにします
㊲ 2列め、モチーフ**7**まで編みました。糸を切り、引き抜きます

★㉟では、次の列のモチーフの拾い目の際、裏目の伏止めでは編みつなぎ箇所が裏目の目なりの影響で美しくつながりにくいので、ここのみ表目の伏止めにしています

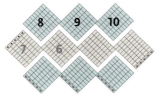

3列めは裏側から目を拾います

3列め
モチーフ**8-10**

㊳ 3列めの拾い目は、モチーフ**7**の裏を見ながら拾います。まず表側から右針を入れます

㊴ 裏編みを編むように新しい糸をかけ、表側に引き出します

㊵ 同じようにして1目内側に表側から針を入れて、4目拾います

㊶ 5目めの拾い目位置に針を入れ、続けてモチーフ**6**の端の目に針を表側から入れて裏編みを編みます

㊷ ㊶の目をかぶせます。モチーフ**8**の5目を拾い出しながらモチーフ**6**が1目つながりました

㊸ 持ち替えて最初の目をすべり目し、表編みで戻ります

㊹ 3、5、7、9段めではモチーフ**6**の目と裏編みの左上2目一度を編みます

㊺ モチーフ**8**ができ上がりました

㊻ 同様に、モチーフ**9**、**10**を編んで3列めが編めました

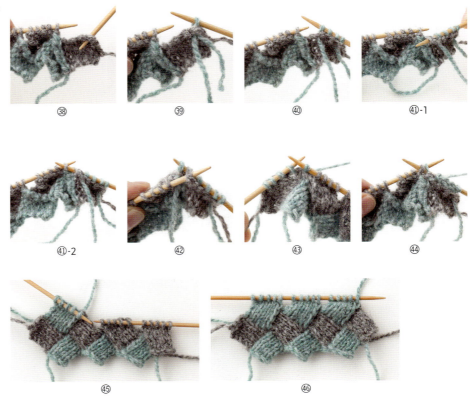

4列めは2列めと同じです

4列め
モチーフ**11-14**

㊼ 2列めと同様に4列めを編みます

モチーフごとに伏止めします

5列め

モチーフ**15,16**

㊽ モチーフ**15**は、モチーフ**8**と同じように8段まで編みます

㊾ 持ち替えて表編み2目編み、最初の目を2目めにかぶせます

㊿ 続けて表編みで伏止めをしながら4目まで編みます

㊹ 次の目とモチーフ**13**の端の目を左上2目一度に編みます

㊺ この目も伏せます

㊻ 糸を手前に回し、次の拾い目位置に裏編みを編むように右針を入れ、糸を表側に引き出します

㊼ 前の目をかぶせます。これで次のモチーフから1目が拾えて、前のモチーフの目がなくなりました。同様にしてモチーフ**16**まで編みます

伏止めの最後は糸を切って引き締めます

5列め

モチーフ**17**

㊂ 最後のモチーフ**17**の8段めまで編みます

㊃ 持ち替えて1目手前まで伏止めをします

㊄ 残った目を2目一度に編んでから伏止めをします

㊅ 糸を切って最後のループに下から通して引き締めます

㊆ 出来上りです

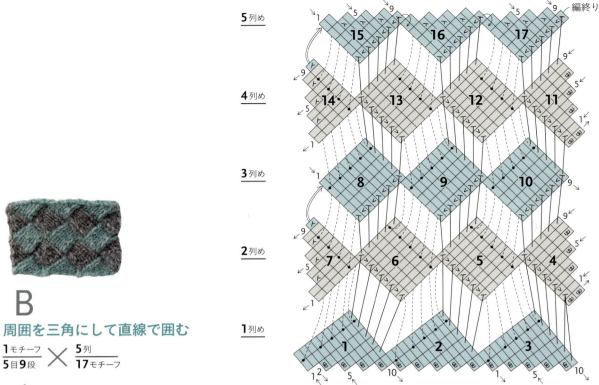

B
周囲を三角にして直線で囲む

$\frac{1モチーフ}{5目9段}$ × $\frac{5列}{17モチーフ}$

1列め
モチーフ1

① 針に指でかける作り目で2目作ります（1段め）
② 持ち替えて裏編み2目編みます（2段め）
③ 持ち替えて1目巻き増し目をします
④ この目を右針に移し、続けて表編み2目編みます（3段め）
⑤ 次の段は裏編みで戻り（4段め）、持ち替えて1目巻き増し目をします（5段めの編始め）
⑥ 同様に6目になるまで編みます（10段）

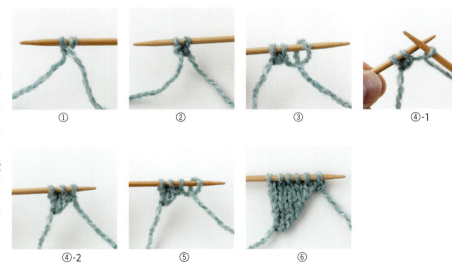

モチーフ1を三角になるように増し目して編みます

続けてモチーフ1と同じように編みます

1列め
モチーフ2, 3

⑦ 1目巻き増し目をします
⑧ この目をすべり目して次の1目（モチーフ1の6目め）を編みます
⑨ 持ち替えて裏編み2目で戻ります

⑩ これを6目になるまで繰り返します。モチーフ**2**ができました

⑪ 同様にしてモチーフ**3**を編みます

⑩　　　　　⑪

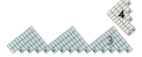

2列め
―――
モチーフ**4**

⑫ 1列めの糸を切って新しい糸をつなぎ、巻き増し目で2目作ります

⑬ 1目めは表目を編み、次の目を表目を編むように針を入れて右針に移し、モチーフ**3**の次の2目を一度に編みます

⑭ この目に右針に移した目をかぶせます(右上3目一度)★

⑮ 持ち替えて、最初の目をすべり目し、裏編みで戻ります。持ち替えて巻き増し目をします

⑯ モチーフ**3**との境目は右上2目一度で編みつなぎます

⑰ モチーフ**4**が編めました

2列めの端がまっすぐになるように増し目をします

★⑭では、モチーフ**3**と**4**を編みつなぐときに、基本のモチーフ(5目9段)に整えるために、1回(1度)のみ3回一度にします

⑰

2列め
―――
モチーフ**7**

⑱ モチーフ**5**と**6**、**7**の拾い目(1段め)と2段めまでは、P.49の㉓-㉝と同じに編みます

⑲ 3段めを編むときに、4目めと5目めを左上2目一度にします

⑳ 同じように左端で減し目をしながら8段めまで編みます

左端はまっすぐになるように減し目をします

⑳

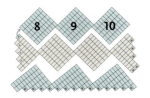

3列め
モチーフ**8-10**

㉑ 糸を切って次の列の糸を結び、この糸で2目一度を編みます
㉒ この目を次のモチーフの拾い目の1目めとし、残りの4目を拾います
㉓ 後は**A**のモチーフ**8-10**(P.50)と同じに編みます
㉔ 3列めのモチーフ**10**まで編めました

Aの3列めと同じように編みます

㉑　　　　　　　　　　　　㉒　　　　　　　　　　　　㉓

㉔

4列め
モチーフ**11-14**

㉕ 3列めの糸を切って新しい糸をつなぎ、2目巻き増し目をします
㉖ 1目編んでモチーフ**10**の最初の目と右上2目一度で編みつなぎます
㉗ 以後は、2列めと同じに編みます。4列めまでできました

2列めと同じように端がまっすぐになるように編みます

㉕　　　　　　　㉖　　　　　　　㉗

5列め
モチーフ**15-17**

㉘ モチーフ**15**は、3列めと同じに2段めまで編みます
㉙ 持ち替えて裏編みの左上2目一度を編みます
㉚ 2目編んで次の目とモチーフ**13**の目を2目一度で編みつなぎます

減し目で上辺の三角形を編みます

㉘　　　　　　　㉙　　　　　　　㉚

㉛ この要領で8段めまで編みます

㉜ 9段めは、残った2目とモチーフ**13**の目を左上3目一度にします。この目は次の拾い目の1目めになります

㉝ 同様に繰り返してモチーフ**17**の最後は、3目一度にして糸を切り、引き抜きます

㉞ 出来上りです

㉛

㉜-1

㉜-2

㉝

㉞

バスケット編みのテクニックについて

　バスケット編みのモチーフの編みつなぎ方や、四辺の処理のしかたには、色々なやり方があります。

　ここでは、その中からごく一般的なやり方で、四辺まで四角のモチーフのもの、四辺がまっすぐになっているもの、応用として輪に編みつなぐやり方を紹介しましたが、それぞれの「細かな部分」は、紹介する書籍やデザイナーによって様々です。どれが正しく、どれが間違いというのではなく、関わる作品や希望のイメージでまとめるとよいと思います。ここでは、基本の編み方以外の細かなテクニックの違いの例をいくつか紹介します。

モチーフどうしを
編みつなぐ際

　1段めの拾い目の最後の目を、ここでは拾いながら同時に2目一度に編みつないでいます。厳密に編み図どおりに編むのであれば、基本の編み方での紹介のようになりますが、もう一つの代表的な例として、1段めは必要な目数を一旦拾い終えて、改めて隣の目と2目一度にするやり方があり、海外での編み方の紹介にも、この方法が使われている例を度々見かけます。結果的には、その目だけ1段多くなることになりますが、拾いながら2目一度がやりにくい場合や、編みつなぎの角を多少ふっくらさせたい場合など、また使用糸との相性を考慮して、このやり方でもよいでしょう。ただし、編みつなぎ方はすべて統一するほうが断然編み地は整いますので、このやり方にするなら、すべての箇所で同じやり方にします。この本の作品の中にはこの方法で編みつないでいるものもありますので、それぞれの編み方ページを参照してください。

　編みつなぐ2目一度のあと、編み地を返し、ここではすべり目にしていますが、すべり目にせず毎回編む、というやり方もあります。モチーフから拾い目をして編み出す際、端から端まで基本的に1段ずつ飛ばして拾うやり方から考えて、常に目数×段数の関係はモチーフの大きさにかかわらず、一定のルールがあります。基本的にメリヤス編みのゲージから考えて、2段ごとにすべり目にすると多少すべり目が大きくなりがちで、逆にすべての段を編むと目が詰まりすぎます。混合すると、編み地の表情が美しくなくなるので、どちらかに統一して編みます。一概には言えませんが、ヨーロッパ・北欧ではすべり目をすることが多く、アメリカでは毎段編むことを多く見受けます。この本の中でも、伸縮性が必要とされる靴下などで、このように編んでいるものもあります。編む作品の性格を考慮して、どちらかの方法を選ぶのもよいでしょう。

四辺の編み方について

　四辺まで四角のモチーフの場合は、平面で完成形になるのか、後からとじはぎなどをするのかで表情を決めます。とじはぎがある場合は、最終的な表情が、ほかの部分の基本形の目数×段数になるように、時には1目や1段多めに編むこともあります。また平面で終える作品は、編み地の反り返りが起こりにくいように考慮したり、編みつなぎのないモチーフの辺が、最終的な基本のモチーフの表情・モチーフの大きさと比べ、多少変形して見えていないか確認をして目数や段数を決める必要も出てきます。

その他にも、
より美しくまとめるために

　この本で紹介している作品の中では、それぞれの細かな部分で工夫をしています。とは言え、個性的な編み方・編み地のテクニックの中でも、バスケット編みは、基本的な編み方がわかれば、なんとなく編み地がまとまりやすいもの、言い換えれば、その人なりの工夫でカタチになりやすいものの一つと思います。基本の編み方で、編みつなぎ方や編み進み方がある程度理解できれば、好みの作品の個々の編み図に従い編んでみましょう。また、細かな部分は、それぞれのかたの工夫があってもよいと思います。

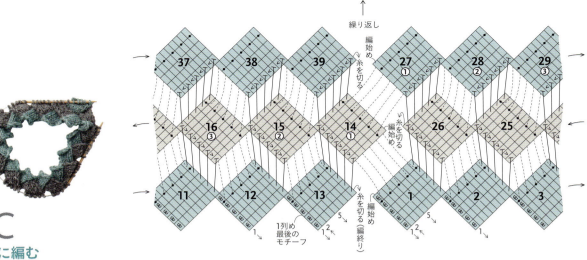

C

輪に編む

$\dfrac{1\text{モチーフ}}{5\text{目}9\text{段}} \times \dfrac{3\text{列}}{39\text{モチーフ}}$

1列ごとに糸を切り、向きを変えて編み進みます

① P.47の①〜⑫の要領で1列めを必要なモチーフ数編みます（ここでは13モチーフ）

② 2列めは、1列めの糸を切り、モチーフ14の新しい糸でモチーフ1の指定の位置から4目拾い目をします

③ P.49の㉕〜㉗の要領で5目めの位置に針を入れ、モチーフ13の端の目と2目一度で編みつなぎます

④ P.49の㉘〜㉛の要領で持ち替えてすべり目、裏目で戻ります。表目の段では右上2目一度で編みつないでモチーフ14を編みます

⑤ 同様に2列めをモチーフ26まで編みます

⑥ 2列めの糸を切り、P.50の㊳〜㊻の要領で新しい糸でモチーフ14から拾い目し、モチーフ26と編みつなぎ、モチーフ27を編みます

モザイクマフラー →PAGE1,4,5

材料：[ジェイミソンズ]スピンドリフト、[シェットランド製フェアアイル毛糸（2プライ・ジャンパーウェイト・中細タイプ）]の各色少々
（使用糸色番号一覧は別記、P.4のマフラーの出来上り参考の重さ＝90ｇ）
用具：1号棒針、4/0号かぎ針（作り目用）
ゲージ：バスケット編み地1モチーフの対角線の長さが2.5cm
（P.1の作品は2.8cm）
寸法：幅9.5cm、長さ168cm

編み方：1列めのモチーフは、かぎ針で棒針に編みつける方法で作り目をし、編み始めます。使用糸色番号一覧を参考に、または好みの色糸で、モチーフごとに糸を切り、色を替えながら編み進めます。

Point memo：この作品は、編みつなぐときに、いったん拾い目をし、最後の拾い目と編みつなぐモチーフを改めて2目一度で編みつないでいます。P.1の作品は、6目×11段の基本モチーフを7目×13段に変え、好みのモチーフ数、列数を同様に編みます。

★ 使用糸色番号一覧
ジェイミソンズ
109,111,113,122,125,127,130,
135,140,141,144,147,150,151,
153,155,160,162,165,168,170,
175,179,180,183,185,186,187,
190,195,198,226,227,230,231,
232,233,234,236,237,238,
240,241,242,243,246,248,
235,238,252,258,261,268,
271,272,273,286,289,290,
292,294,301,315,318,319,
320,323,329,336,337,343,
365,423,429,478,525,547,
556,562,567,572,575,576,
578,580,587,595,596,599,
603,617,620,633,640,677,
720,763,766,768,772,785,
789,791,794,812,821,825,
868,880,890,998,1130,1140,
1190,1260,1270,1290,1390,
その他、廃盤色、ロット違い等

シェットランド製フェアアイル毛糸
2,3,4,FC6,FC7,FC9,FC11,
FC12,FC14,FC17,FC22,FC24,
27,28,29,FC34,FC38,FC39,
FC41,43,FC43,FC44,FC46,
FC47,FC45,FC50,FC51,FC52,
53,54,FC55,FC56,61,FC61,FC62,
FC64,64,72,78,80,81,82,
87,101,118,121,122,131,133,
134,141,143,202,203,366,
1280,1283,1284,2001,2002,
2003,2004,2005,2006,2007,
2008,2009,9113,9144
その他、廃盤色、ロット違い等

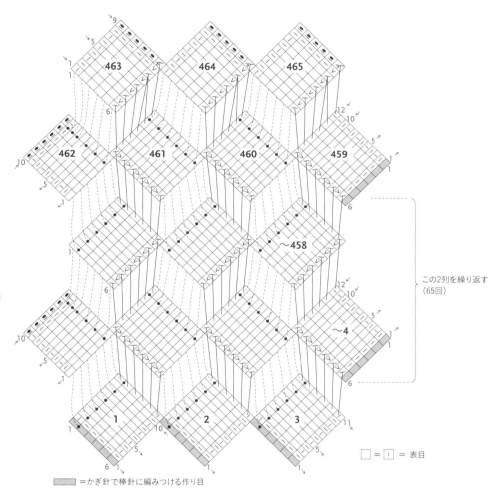

この2列を繰り返す
（65回）

□ = |1| = 表目

■ =かぎ針で棒針に編みつける作り目

かぎ針で棒針に編みつける作り目

1 かぎ針に鎖編みのループを作り、棒針の下にセットする

2 針をはさんで鎖編みをする

3 糸を針の下に回す

4 2と同じに編む

5 3、4を繰り返して、最後の目は、かぎ針のループを針にかける

ストライプ柄の三角ストール → PAGE 6, 7

材料：[イサガー]ハイランドウールの ocean、greece、turquise、oak 各12ｇ、curry、sky 各15ｇ、stone 16ｇ、moss 19ｇ、シルクモヘアの(62m番)70ｇ
用具：6号棒針
ゲージ：バスケット編み地１モチーフの対角線の長さが4.2㎝
寸法：幅(首肩側)105㎝、高さ(首後ろから背中心裾)52㎝

編み方：ハイランドウールは配色表を参考に列ごとに色を替え、常にシルクモヘアと２本どりで編みます。列ごとの編始めは、図を参考に左向き、右向きに同じ巻き目になるように作り目をします。

Point memo：背中心裾から横縞に編み進めるので、編みながら好みの大きさに仕上げることができます。色を替える列は好みでもよいでしょう。

配色

列	ハイランドウール
25	turquise
24	moss
23	stone
22	ocean
21	sky
20	curry
19	greece
18	oak
17	moss
16	turquise
15	stone
14	curry
13	sky
12	greece
11	moss
10	oak
9	ocean
8	curry
7	sky
6	stone
5	turquise
4	oak
3	moss
2	sky
1	curry

シルクモヘア62m番をいつも添えて２本どりハイランドウールは列ごとに図のように色を替える

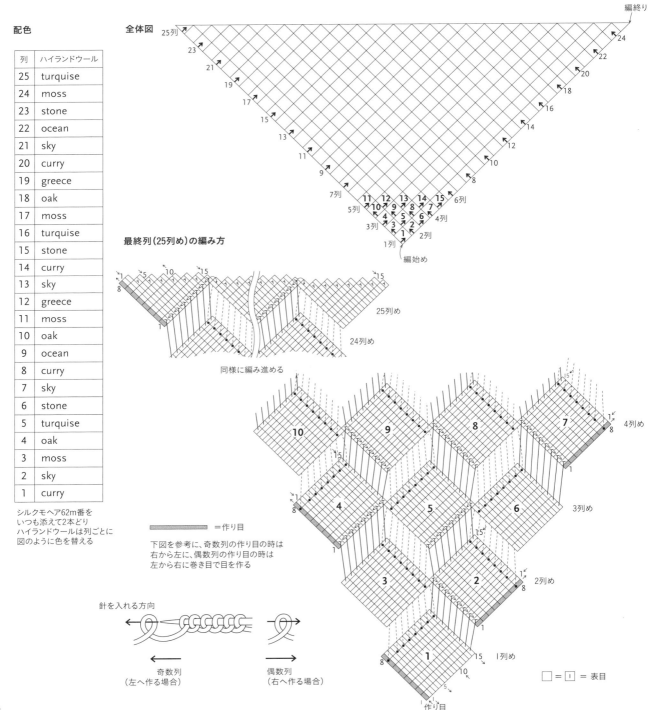

ソックス メンズとレディースと子どもサイズ →PAGE10,11

〈レディース〉
材料：[レギア] ツィードの ネップつきグレー(00090) 85g
用具：2号棒針、1号棒針(ゴム編み部分用)、4/0号かぎ針(作り目用)
ゲージ：バスケット編み地 1モチーフの対角線の長さが3cm
寸法：はき丈13cm(ゴム編み部分2cmを含む)、足底サイズ23cm、足甲回り20cm

〈メンズ〉
材料：[レギア] ツィードの ネップつき茶色(00010) 105g、ネップつきブルー(00052) 8g
用具：2号棒針、1号棒針(ゴム編み部分用)、4/0号かぎ針(作り目用)
ゲージ：バスケット編み地 1モチーフの対角線の長さが3cm強
寸法：はき丈17cm(ゴム編み部分4cmを含む)、足底サイズ23cm、足甲回り22cm

〈子ども〉
材料：[シェットランド製フェアアイル毛糸(2プライ・ジャンパーウェイト・中細タイプ)] 赤紫(43) 5g、茶(4)、ミックス黄緑(FC12)、明るいブルー(FC39)、濃紫(133)各7g
用具：1号棒針、4/0号かぎ針(作り目用)
ゲージ：バスケット編み地 1モチーフの対角線の長さが2.5cm
寸法：はき丈7cm、足底サイズ14cm、足甲回り14.5cm

編み方：3種類(3サイズ)とも、レディースの編み図(P.60-61)と同じに別鎖の作り目で、つま先部分から編み進めます。メンズ、子どもサイズはモチーフの目数×段数の表を参考に、それぞれの目数、段数を変えてレディースの編み図と同じ要領で編みます。全体図を参考に、列ごとの色替え位置、編終り位置を確認し、大人サイズはゴム編み、子どもサイズは最終列の編み方図を参考にまとめます。

Point memo：バイアス状の編み地なので伸縮性があり、出来上りサイズが多少小さくとも伸びがあります。好みのフィット感を確かめながら編みましょう。大人サイズは、履いたときの多少伸びた編み地の表情を考慮して、編みつなぐときは、2目一度のあと、すべり目にせず、毎回編んでいます。また、子どもサイズは、編みつなぐときに、いったん拾い目をし、最後の拾い目と編みつなぐモチーフを改めて2目一度で編みつないでいます。それぞれ、履いたときの表情を考慮して、好みで決めてもよいでしょう。はき丈や足底サイズを変えるときは、モチーフの列数を増減させましょう。

モチーフの目数×段数

モチーフの番号	レディース	メンズ	子ども
基本のモチーフの目数×段数＝★	7×13	8×15	5×9
1	8×14	9×16	6×10
2	8×13	9×15	6×9
3	★	7×13	8×15	5×9
4		8×13	9×15	6×9
5	★	7×13	8×15	5×9
6		8×13	9×15	6×9
7	★	7×13	8×15	5×9
8	★	7×13	8×15	5×9
9		8×13	9×15	6×9
10		8×13	9×15	6×9
11	★	7×13	8×15	5×9
12	すべて★	7×13	8×15	5×9

全体図

104〜109のみ 00052番
その他、すべて 00010番
メンズ終り
レディース終り
すべて 00090番

すべて輪に編む

＝各列の始まり位置。前列最後のモチーフを編み糸を切り、改めて編み進む方向から糸をつける。(モチーフ1と2の ■ は除く)

＊色番号・列ごとに色を替える

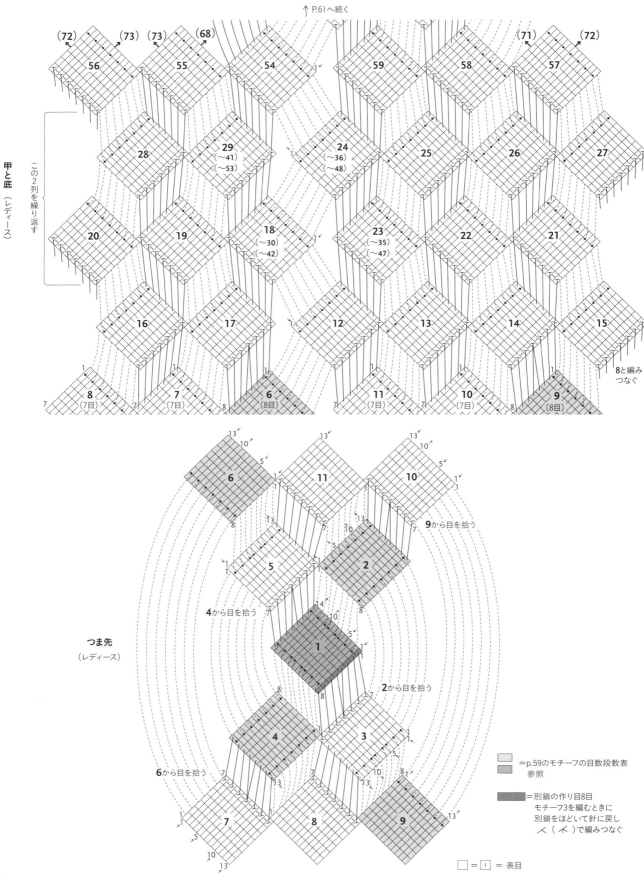

レディース はき口

1号針で1モチーフから
12目×6モチーフ=72目拾う
伏止めはゆるく伏せる

メンズ はき口

1号針で1モチーフから
13目×6モチーフ=78目拾う
伏止めは目なりにゆるく伏せる

子ども はき口(モチーフ92〜97)

5目のモチーフだが、最後の列のみ6目拾い出す
★ =編みつなぐモチーフの最後の目と2目一度し、先に編んだ
目をかぶせて伏せる。次のモチーフの1目めの拾い目をし、
残った目をかぶせて前モチーフの伏せ目が完了=次のモチーフ
の1目めの拾い目を完了とする

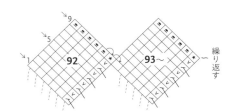

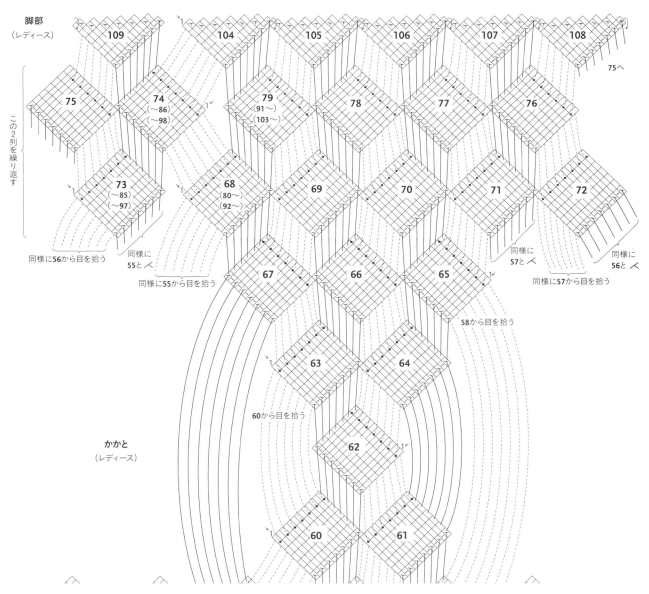

V字ストライプの三角ストール → PAGE 8, 9

材料：[リッチモア] アルノの 黄系段染め(2) 100g、オレンジ、赤系段染め(3) 110g、緑、青系段染め(10) 110g

用具：7号棒針

ゲージ：バスケット編み地 1モチーフの1辺の長さが2cm

寸法：幅(首肩側) 150cm 高さ(首後ろから背中心裾) 71cm

編み方：P.58の「ストライプ柄の三角ストール」の作り目を参考に、左向き、右向きに同じ巻き目になるように作り目をし、首後ろ中心から編み始め、編み図の編進み方を参考に逆向きのV字に色味が出るように好みの色糸に替えて編み進めます。

Point memo：首後ろ中心からV字に編み進めるので、編みながら好みの大きさに仕上げることができます。より簡単に規則正しく編めるように、編終りの最終列以外は、基本モチーフを5目×9段に統一していますが、編み図中の〇印の番号を6目×9段、(6目拾い〈始めのモチーフのみ6目作り目〉、そのモチーフに編みつなぐ側のモチーフで3目一度を1回する)にすると、見た目のモチーフの大きさをすべてそろえることができます。図の色替えの位置がV字に色が出る基本の位置ですが、違った場所で色糸を替えて、好みの表情をつくってもよいでしょう。

全体図

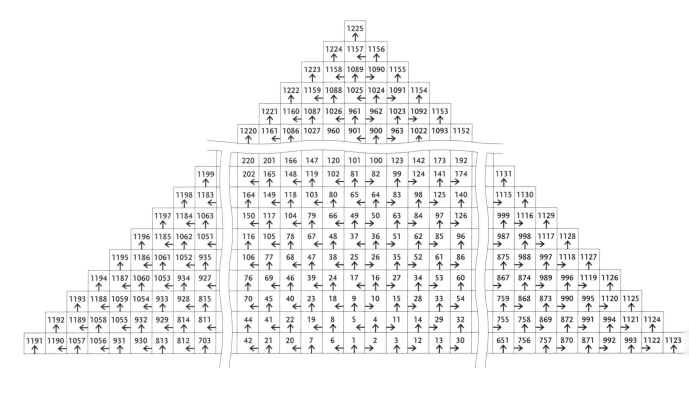

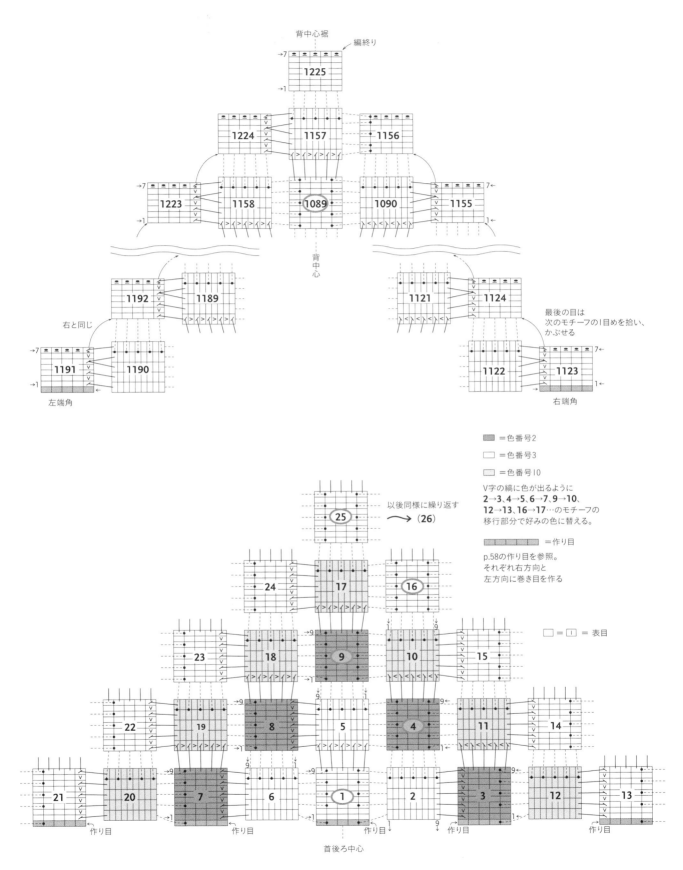

2目ゴム編みの2ウェイキャップ（ネックウォーマー）とミトン、かかとなしソックス → PAGE 12,13,14,15

〈キャップ〉

材料：[リッチモア] キャメルツィードの ベージュ（1）、薄グレー（2）、水色（3）各27g、エクセレントモヘア〈カウント10〉グラデーションの 白（127）37g、ボタン1個

用具：4号棒針、5/0号かぎ針（作り目用）

ゲージ：2目ゴム編みのバスケット編み地1モチーフの1辺（高さ＝段数）が22cm

寸法：平置き時、長さ（キャップの高さ×2倍に相当）48cm、幅（キャップのかぶり口×1/2に相当）24cm

編み方：モチーフ1、2をベージュ、3、4を水色、5、6を薄グレーにそれぞれ色を替えながら、常にモヘアを引きそろえて2本どりで編みます。別鎖の作り目から始め、図を参考にすべて2目ゴム編み地で編みつないでいきます。最後にモチーフ5、6の目と段をはぎますが、その際、かぎ針で鎖目を好みの長さに編み、その裏山をすくって引抜き編みにしたひもをあらかじめ用意しておき、角になる部分にループ状に縫いつけて袋状にとじます。反対側にはボタンどめの要領で好みのボタンをつけます。

〈ミトン〉

材料：[リッチモア] キャメルツィードの 水色（3）60g、エクセレントモヘア〈カウント10〉グラデーションの 白（127）25g

用具：3号棒針、4/0号かぎ針（作り目用）

ゲージ：2目ゴム編みのバスケット編み地1モチーフの1辺（高さ＝段数）が12.5cm

寸法：てのひら回り21cm、丈22cm

編み方：キャップと同様に、常に2本どりで、別鎖の作り目から24目×46段、以後23目×45段のモチーフで編み進めます。モチーフ5、6はミトンの編み図を参考に編み、図の解説を参考にモチーフ4、5で休めた目と拾わなかった段から親指を編み出し、モチーフ5、6からゴム編みを編み出します。

〈ソックス〉

材料：[オステルヨートランド] オンブレの グレーの段染め（02）115g、ペルスの 薄グレー（04）70g

用具：3号棒針、2号棒針（ゴム編み部分用）、4/0号かぎ針（作り目用）

ゲージ：2目ゴム編みのバスケット編み地1モチーフの1辺（高さ＝段数）が12cm

寸法：丈34cm（つま先からはき口まで、ゴム編み5cmを含む）、足甲回り11.5cm

編み方：キャップ、ミトンと同様に、ミトンと同じ目数×段数（1枚めは24目×46段、2枚め以降は23目×45段）のモチーフで編み進めます。モチーフ9、10はミトンの編み図のモチーフ5を2回繰り返し、ゴム編みを編み出します。

Point memo：作品のミトンとソックスは、対称に編まれています。もう片方は編み図を反転（編み図を裏から見た状態）ととらえて編みますが、必ずそうでなければいけないわけではないので、難しい場合は同じものを2つ編んでもかまわないでしょう。

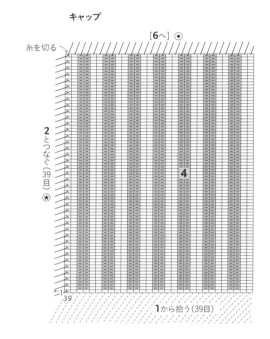

キャップ

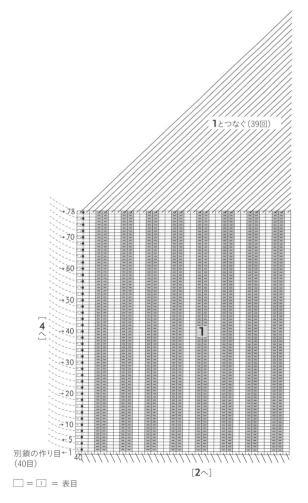

□ = 1 = 表目

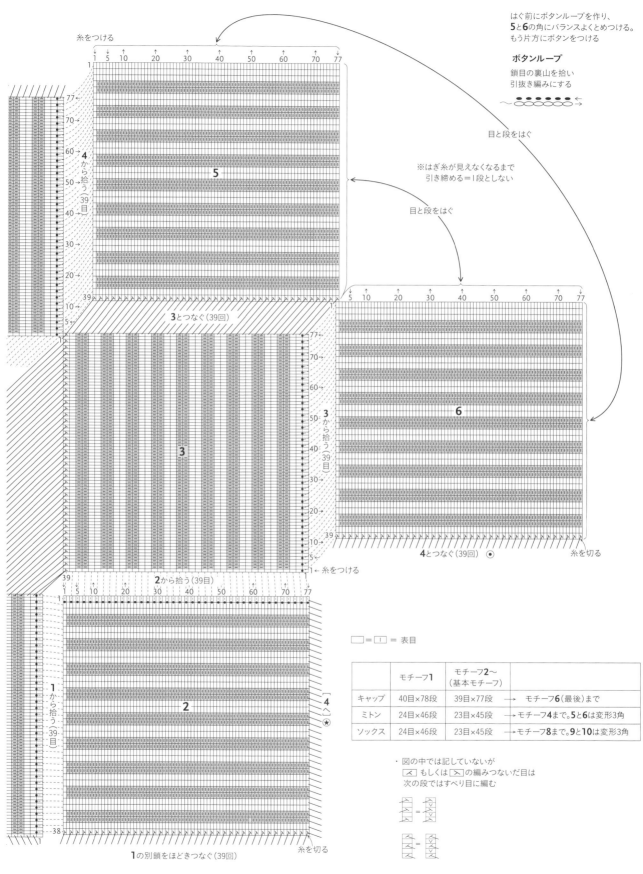

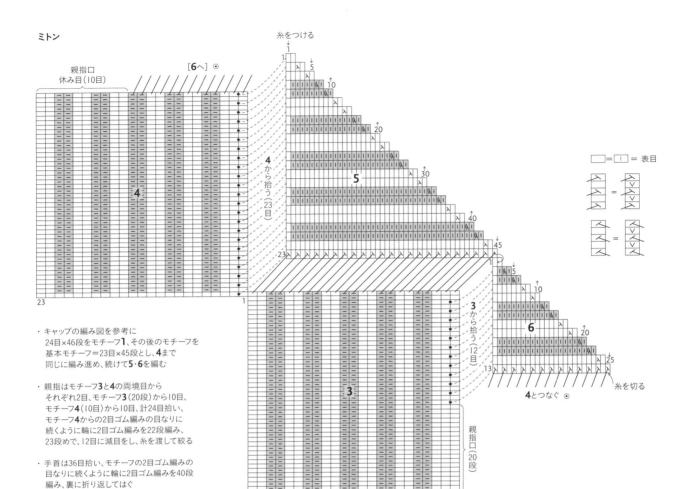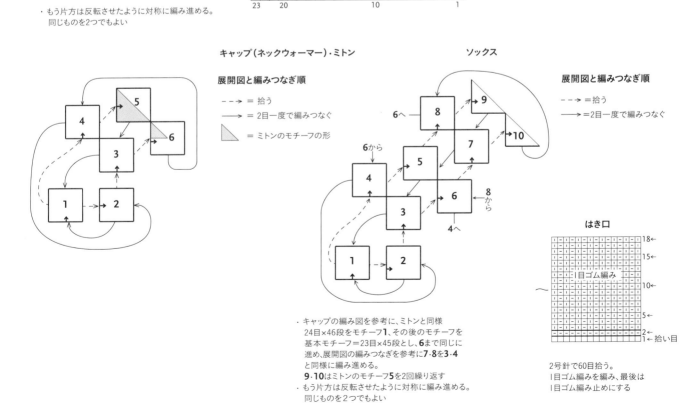

チェック柄のマフラー → PAGE 16,17

材料：[イサガー] スピニの 薄グレー(2s) 75g、緑味かかった濃いグレー(23s) 25g、朱オレンジ(28s) 35g
用具：4号棒針
ゲージ：バスケット編み地 1モチーフの対角線の長さが3.2cm
寸法：幅13cm、長さ100cm

編み方：指に糸をかけて作る(一般的な)作り目で始めます。端まで1目かのこ編み地になるように、図と解説を参考に、表目と裏目を編み出します。モチーフは全体図と配色を参考に、常に3本どりでモチーフごとに色を替えて編みます。

Point memo：編み地を落ち着かせるため、また、モチーフの大きさをよりそろえるために、スチームアイロンで形を整えたり、一度水通しをして整形してもよいでしょう。

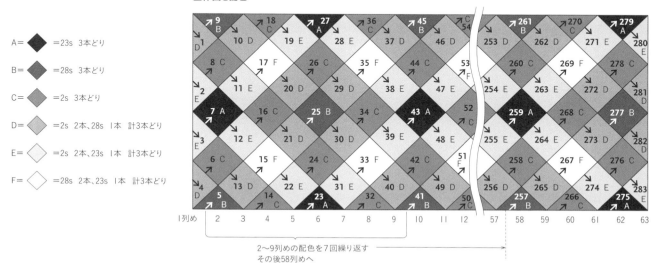

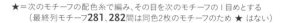

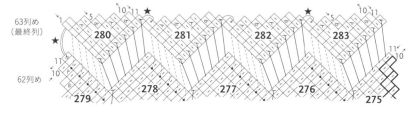

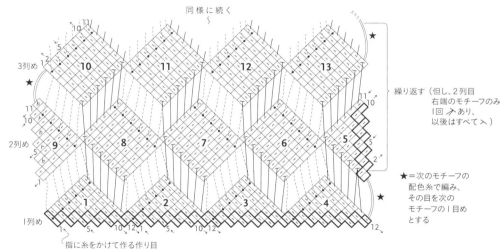

風車のミテーヌ　→ PAGE18,19

材料：[シェットランド製フェアアイル毛糸（2プライ・ジャンパーウェイト・中細タイプ）] の 薄グレー(27)28ｇ、甘茶(3)、茶(4)、ミックス紫(FC9)、ミックス黄緑(FC12)、ミックス濃いブルー(FC14)、オレンジ(FC38)、明るいブルー(FC39)、ミックス茶(FC44)、抹茶色(FC46)、薄ピンク(FC50)、薄紫(FC51)、濃赤(FC55)、濃いミックス茶(FC58)、濃緑(FC62)、霜降り赤(72)、濃甘茶(78)、濃赤(87)、濃オレンジ(122)、紫(123)、濃紫(133)各色少々

用具：1号棒針

ゲージ：バスケット編み地1モチーフの対角線の長さが2.5cm

寸法：てのひら回り18cm、丈17cm

編み方：各モチーフの上下の中ほどにある印線のあるところで、全体図を参考に指定の色に替えながら編みます。親指は全体図の編み進み順のとおり、立体的に編みつないでいきます。

Point memo：すべてのモチーフの中ほどの段で色糸を替えますが、次のモチーフも前のモチーフの上半分と同じ色で編み始めるところがほとんどですので、モチーフごとの境目で、必ず次の糸と切り結ぶことを繰り返すわけではありません。この作品では、編みつなぐときに、いったん拾い目をし、最後の拾い目と編みつなぐモチーフを改めて2目一度で編みつないでいます。本来であれば、左右対称に編むべきですが、風車すべてが一方向に回るように、バスケット編みの表情を生かし、左右とも全く同じものを2つ編みますので左右なくはめることができます。また、まっすぐな辺、風車の形を残した辺ともに親指を中心にデザインしていますので、上下どちらでもはめることができます。また、糸の始末を丁寧にすれば、中表にはめることができ、違う表情を楽しむことができます。

全体図

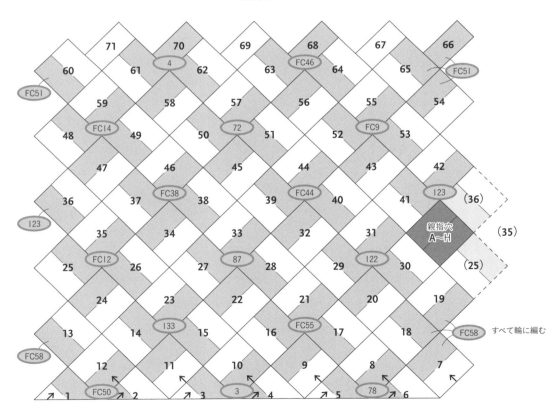

編み進み順　1～30 → 親指 A～H → 31～71

□ =薄グレー(27)
▨ =配色

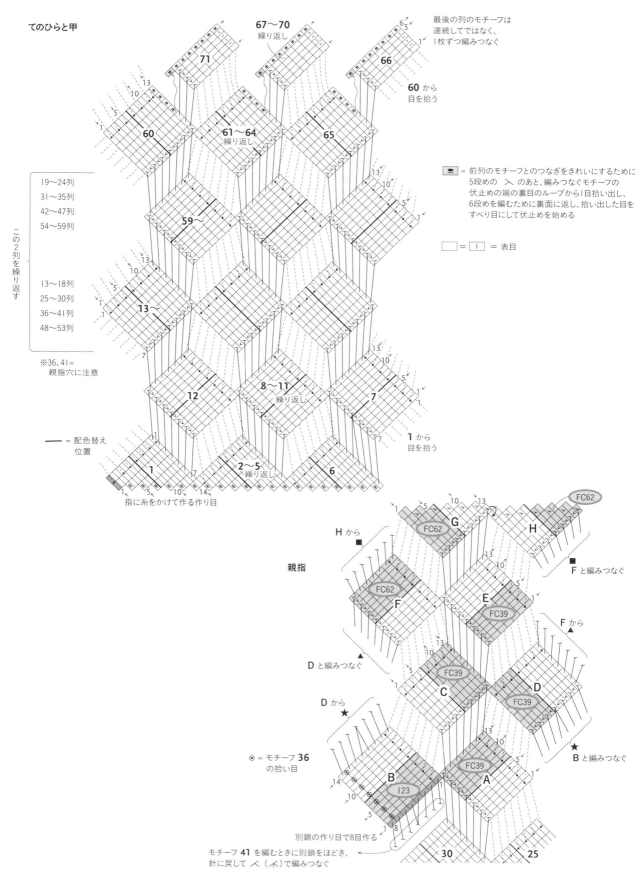

イレギュラーモチーフのマフラー → PAGE 20, 21

材料：[ておりや] Tハニーウールの 黄ミックス(34)、赤ミックス(39)、青ミックス(41) 各45g

用具：5号棒針、5/0かぎ針(作り目用)

ゲージ：バスケット編み地10目×19段(基本モチーフ)の対角線の長さが7cm、6目×11段(基本モチーフ)の対角線の長さが2.5cm

寸法：最大幅16cm、長さ110cm

編み方：かぎ針で棒針に編みつける方法(P.57)で作り目をして編み始めます。全体図を参考に、列ごとに色を替えます。

Point memo：この作品では、編みつなぐときに、いったん拾い目をし、最後の拾い目と編みつなぐモチーフを改めて2目一度で編みつないでいます。基本のモチーフは10目×19段、6目×11段、6目×19段≒10目×11段になりますが、編みつなぎは、端から端まで1段ずつ飛ばして拾うと縦横の関係が一定に保たれる規則正しい大きさのモチーフの編み方と変わりませんので、基本の編みつなぎ方と同じように編めば、自然とランダムな形のモチーフが編みつながります。ただ、より形を整えて見せるために、最初のモチーフ**1**、**2**、**3**と最終列**176**、**177**、**178**や、モチーフ**14**、**25**のように多少変形させている部分があるので気をつけてください。

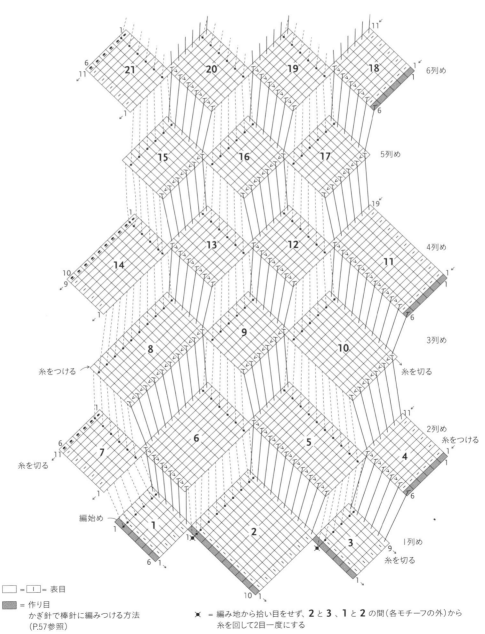

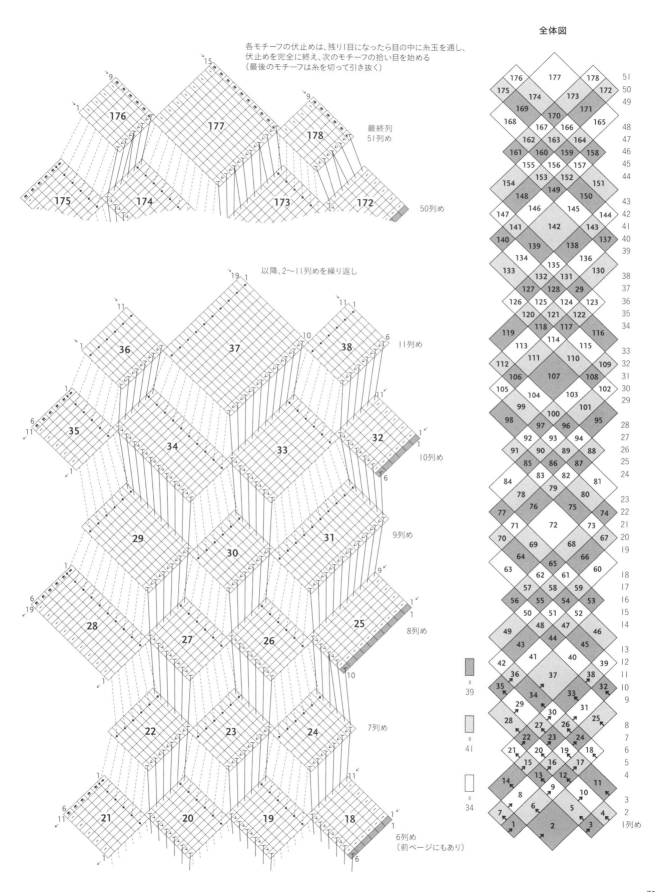

ヘルメットキャップ →PAGE22,23

材料：[パピー] ボットナートの ネップ入り紺(109) 90g
用具：4号棒針、5号棒針(I・コード用・両端がとがったもの2本)
ゲージ：バスケット編み地1モチーフの対角線の長さが4cm
寸法：頭回り54cm、頭頂部から耳当て下まで30cm、頭頂部から後ろ首まで22cm

編み方：編み図を参考に、モチーフを順に編みつないでいきます。基本モチーフはすべて7目ですが、編みつないだときに最終的に見える目数、段数が同じになるように、8目になっているところがあるので、目を拾うときと、そのモチーフに編みつなぐ側のモチーフで3目一度を1回することに気をつけましょう。始めの変則的な編みつなぎを終えたら、規則正しく輪に編み、続けて耳の覆いにあたる部分を左右それぞれ編み進めます。I・コードは図を参考に後ろ首と顔回りに2本編みつけます。

Point memo：見開き図のため、編み図では複雑に見えますが、順に編みつなげれば立体になります。I・コードは、編み地から、よりふくらみを持たせたコードにするため、通常の編みつけ方に変化を加えて、帽子との編みつなぎ位置では裏目の左上2目一度になっています。

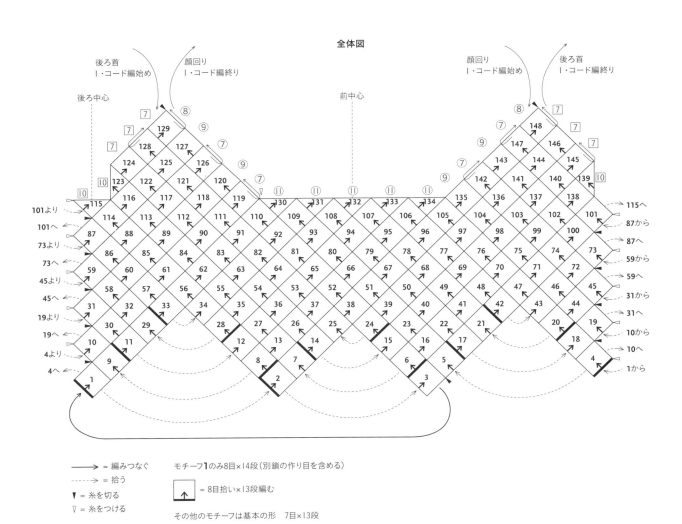

頭頂からの編始め部分

基本の形＝7目×13段

□ = |１| = 表目
▼ = 糸を切る
∨ = 糸をつける

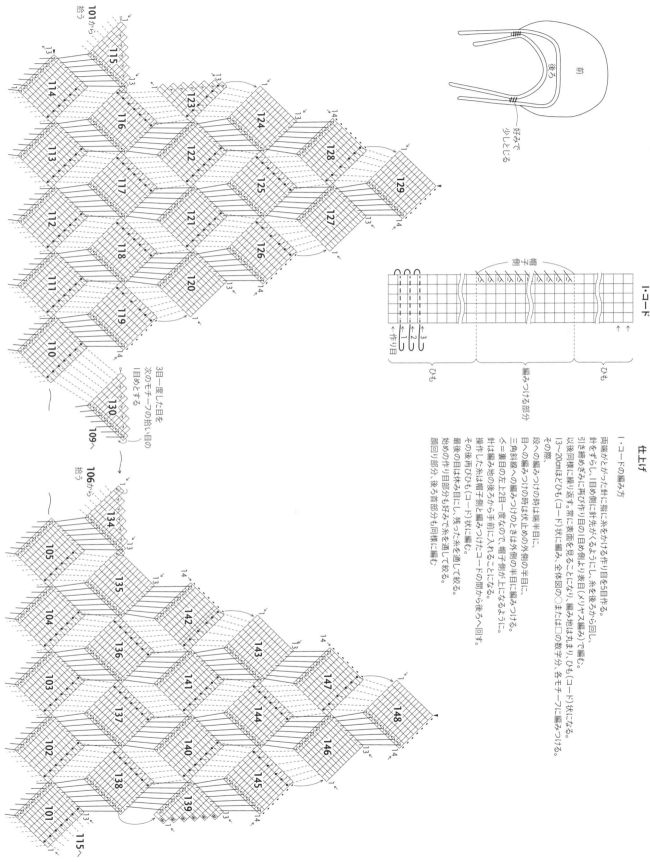

アタッチメントフード → PAGE 24, 25

材料：[野呂英作]シルクガーデンソロの 茶色(6)195g、シルクガーデンの 茶系グラデーション(267)30g、ボタン3個

用具：6号棒針、5号棒針、7.5/0号かぎ針(作り目用)

ゲージ：バスケット編み地1モチーフの対角線の長さが3cm

寸法：フード幅24cm、丈34cm(首部分のかのこ編み4cmを含む)、衿ゴム編み部分長さ10cm、衿ゴム編み部分裾回り96cm

編み方：別鎖の作り目から始めます。バスケット編み部分は6号針で、それ以外の部分は5号針で編みます。モチーフ12〜17は、モチーフ1〜5の別鎖をほどき、編みつなげます。基本モチーフは5目ですが、編みつないだときに最終的に見える目数、段数が同じになるように、6目になっているところがあるので、目を拾うときと、そのモチーフに編みつなぐ側のモチーフで3目一度を1回することに気をつけましょう。始めの変則的な編みつなぎを終えたら、規則正しく平面に編み、図を参考に最後に首側の両端の変形部分を編みます。全体図を参考に、好みでモチーフの色をところどころ替えて(267番)編みます。続けて、首足もと、衿ゴム編み部分を編み、前立て、フード口を編みます。

Point memo：この作品では、編みつなぐときに、いったん拾い目をし、最後の拾い目と編みつなぐモチーフを改めて2目一度で編みつないでいます。作り目の別鎖は、モチーフごとに目数を作るのではなく、長くひも状に別鎖を作り、モチーフごとに間隔をあけて1本の鎖ひもから目を作る(編み出す)ほうが各モチーフ(1〜5)を作るときも、別鎖をほどき編みつなぐときも簡単です。全体的に、最終的に見える目数、段数が同じになるようにデザインされています。ただしモチーフ1〜5(頭頂部)のみ、最終的に見える目数が4目になりますが、各モチーフを編み進み方向に続けてスムーズに編み出せるように、また、簡単に別鎖をほどいて編みつなげられるようにデザインしました。

↑ = 6目拾い9段編む
(別鎖の作り目の場合は6目作り目し9段編む)
その他のモチーフは基本の形　5目×9段

- - - = 拾う
―― = 編みつなぐ
◇ = 糸を替えるモチーフ部分

全体図

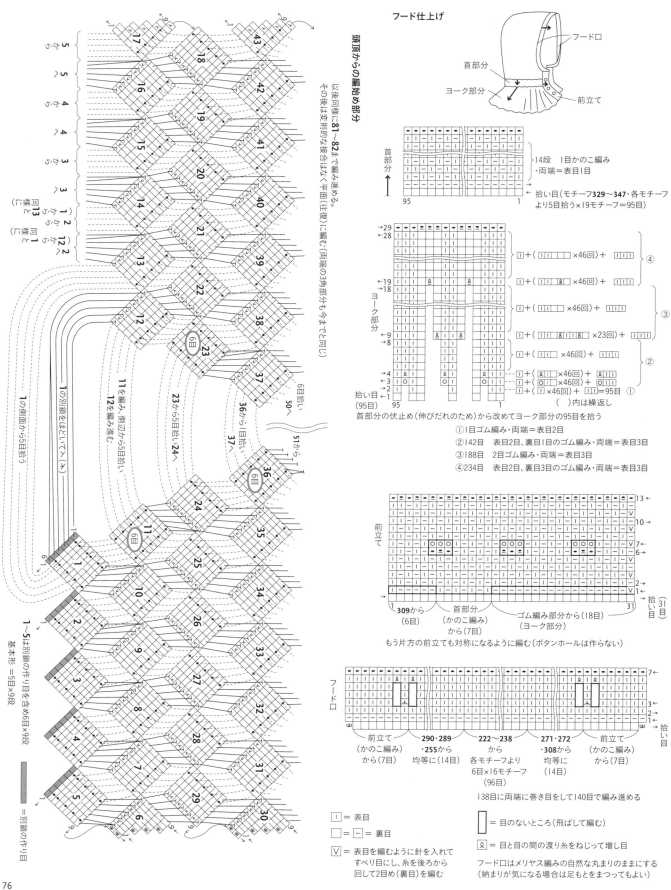

首側両端部分

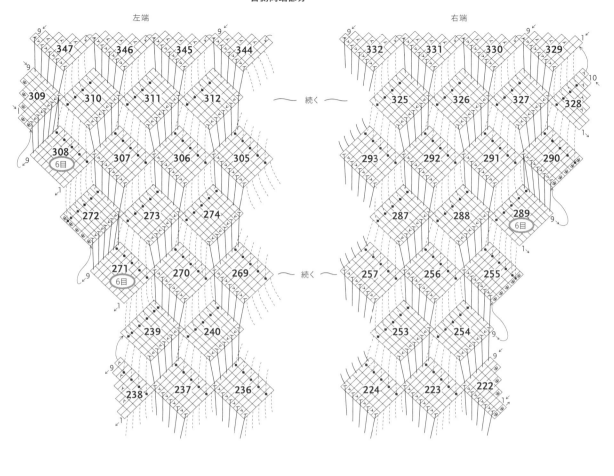

フードスカーフ → PAGE 26, 27

材料：[ローワン] フェルテッドツィードの Tawny (186) 200g
用具：3号棒針
ゲージ：バスケット編み地1モチーフの対角線の長さが2.5cm
寸法：最大フード幅38cm、後ろ首側中心から裾の長さ70cm、顔側中心から裾の長さ78cm

編み方：マフラー部分の片側の先から編み始めます。図を参考に列ごとのモチーフ数を増やしていきます。61〜70列は両端のモチーフは休み目のままにしておき、71列（頭頂部）まで編んだら、72〜81列にかけて、休み目にしておいた61〜70列と編みつなぎながら進め、フード部分を作ります。82列めからは反対側のマフラー部分になり、始めの部分と同様に、今度は図を参考に列ごとのモチーフ数を減らしていきます。

Point memo：基本モチーフは5目×9段ですが、最終的なモチーフの形を整えて見せるため、6目がところどころ出てきますので気をつけましょう。前半に、列ごとのモチーフ数を増やすために、巻き目の作り目が出てきますが、次の段で編みつなぐモチーフと2目一度にするときにすべり落ちそうで操作しにくいので、2目一度にするときに、その巻き目のみ、ねじって2目一度にすると安定します（図中解説参照）。

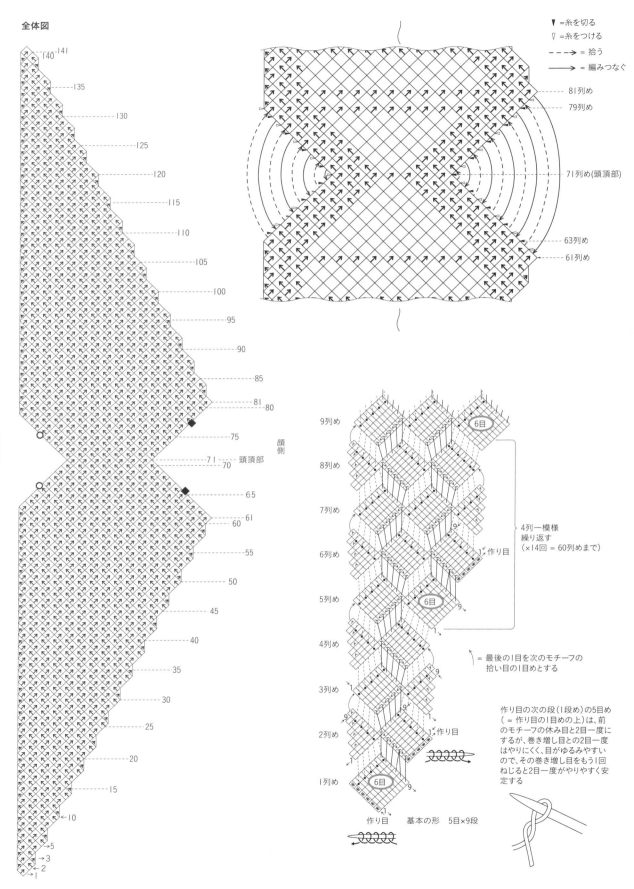

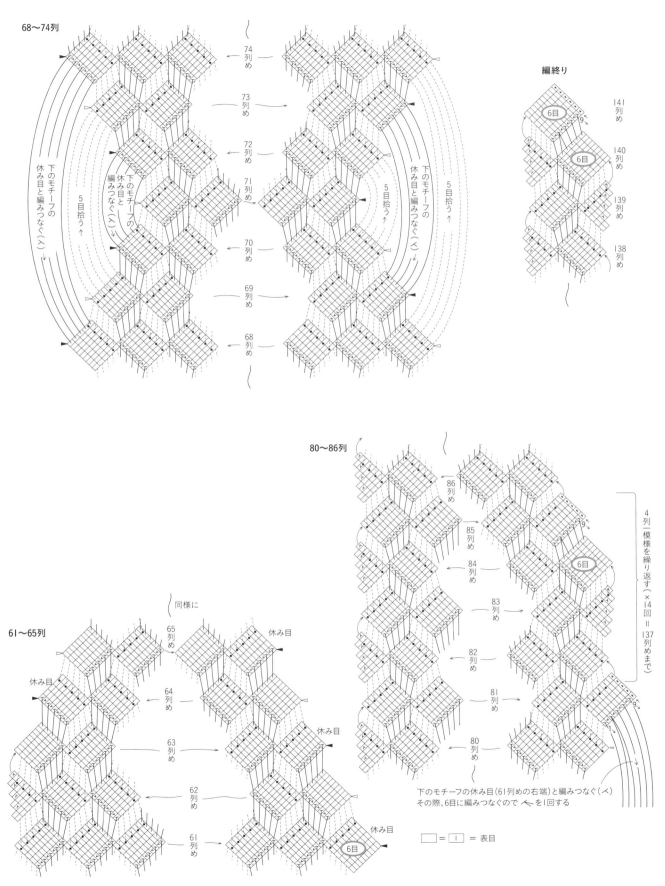

お手玉のラリエット → PAGE 28, 29

材料：[ジェイミソンズ]スピンドリフト、[シェットランド製フェアアイル毛糸（2プライ・ジャンパーウェイト・中細タイプ）] の 各色少々（使用糸色番号一覧は別記）
用具：1号棒針、0号棒針、2/0号かぎ針
ゲージ：玉の大きさ 2〜2.5cm
寸法：ラリエットの長さ100cm

編み方：指に糸をかけて作る作り目で始め、図を参考に編みついでいきます。モチーフ1と4はとじ針で目なりに目と段のはぎにします。はいだ目は見えないように引き締めます。まとめ方を参考に鎖編みでつないでいきます。

Point memo：色と号数は表を参考にまとめます。好みの色糸、号数、個数でもよいでしょう。

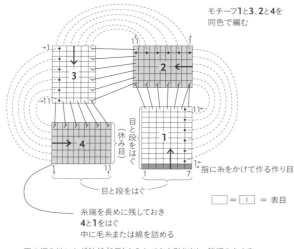

モチーフ1と3、2と4を同色で編む
指に糸をかけて作る作り目
目と段をはぐ
糸端を長めに残しておき **4**と**1**をはぐ
中に毛糸または綿を詰める

玉の編み地にかぎ針（2/0号）を入れて糸を引き出し、鎖編みをする。玉を編みつけながら鎖編みを続ける場合は、玉を針に入れ、鎖編みの前の目を引き抜く
玉に編みつけ終わるときも引き抜いて終わる

□ = 1 = 表目

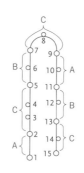

ひも	配色
A	J・237
B	J・246
C	J・1130

ひも＝約100cm

玉	配色		針号数
1	J・135	J・1260	0
2	J・150	J・375	0
3	FC12	J・242	1
4	J・231	J・821	1
5	J・237	J・301	1
6	J・423	J・186	1
7	J・187	J・272	0
8	FC12	J・243	0
9	J・187	J・243	1
10	J・233	J・596	0
11	J・195	J・271	0
12	122	1284	0
13	J・567	J・640	0
14	FC44	J・791	0
15	J・144	J・153	0
てのひら	FC22	J・789	1
	J・195	J・271	0
	J・125	J・1130	0
	J・155	J・794	1

色番号…J＝ジェイミソンズ
その他はシェットランド製フェアアイル毛糸

ボトルネックベスト → PAGE 30, 31

材料：[オステルヨートランド] オンブレの グレーの段染め、ブルーの段染め、ヴィーシェの 藍色、ジーンズブルー、ダーラナブルー、淡い青、空色、白、白グレー、薄グレー、グレー、濃いグレー、 キャラメルの ポリエ（青のグラデーション）、アントン（水色のグラデーション）、海（青〜黒のグラデーション） 各色少々（出来上り参考の重さ＝410g・色は参考）
用具：3号棒針、2号棒針
ゲージ：バスケット編み地1モチーフの対角線の長さが3.5cm（3号針・7目×13段 編始め裾部分の場合）
寸法：丈（衿つけ位置から）62cm、裾幅52cm、脇下幅48cm、肩幅38cm

編み方：かぎ針で棒針に編みつける方法（P.57参照）で作り目をして編み始めます。脇下までは輪に編み、以後、図を参考に、後ろ身頃、前身頃と左右の衿ぐりの前身頃をそれぞれ編みます。前身頃の衿ぐりと後ろ身頃の衿あき部分はすべて休み目にしておきます。前後身頃の肩を目と段のはぎにし、衿ぐりから衿を編み出します。各モチーフの休み目、または作り目の別鎖をほどいて（前身頃）編みつなぎ、拾い目は今までと同様に衿ぐりの段から拾います。

Point memo：この作品では、編みつなぐときに、いったん拾い目をし、最後の拾い目と編みつなぐモチーフを改めて2目一度で編みついでいます。色味は作品ページを参考に、好みで列ごとや列の途中で色を替えて編み進めます。モチーフの大きさが裾から衿まで3段階に、また号数が途中で1号小さくなるので確認しましょう。身頃から衿の編みつなぎ位置では、立体に編みつなぐために、4枚はぎではなく5枚はぎになる部分が4か所あるので気をつけましょう。

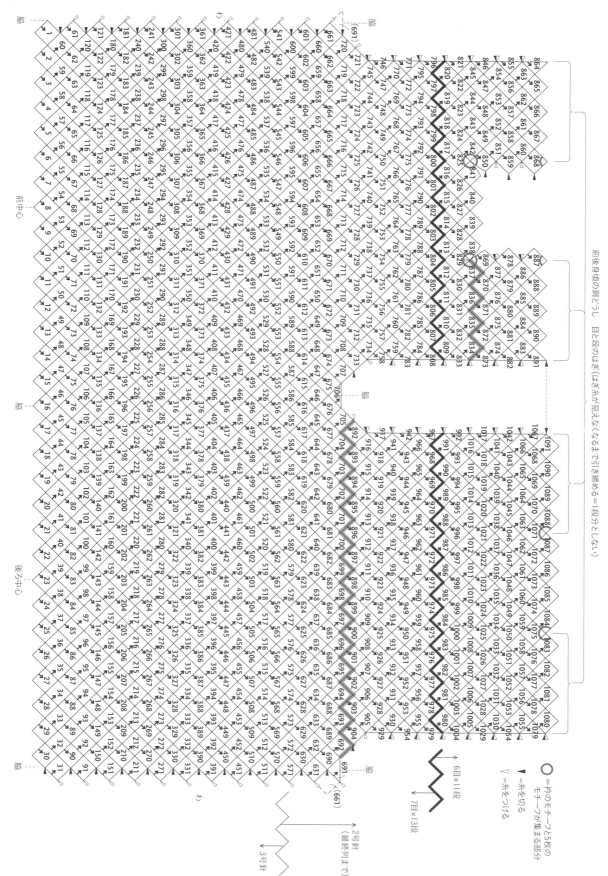

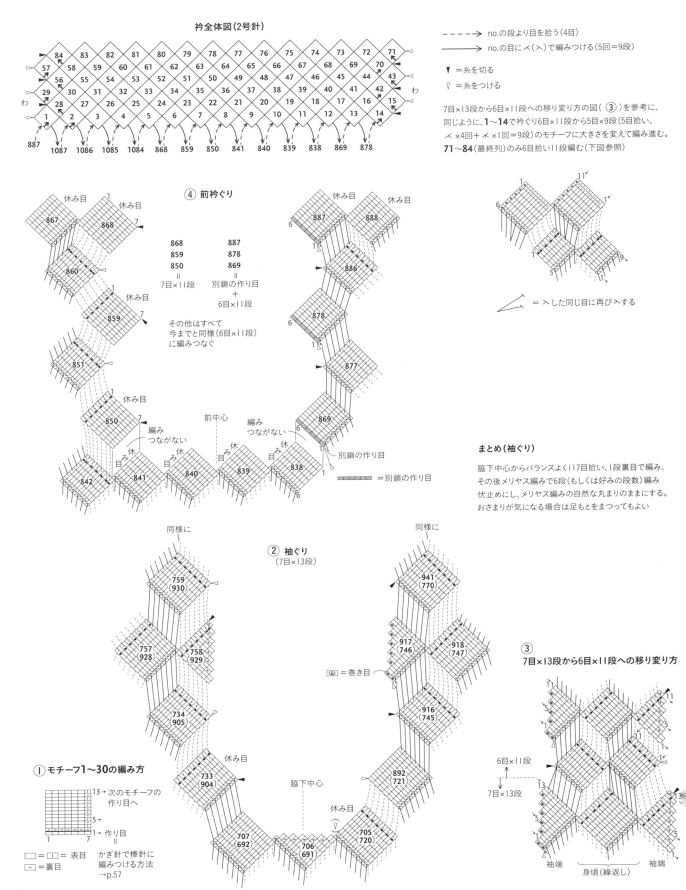

七宝つなぎのマフラー →PAGE34

材料：[ローワン]キッドシルクヘイズの Dewberry(600)70g
用具：5号棒針、4/0号かぎ針(縁編み用)
ゲージ：バスケット編み地1モチーフの対角線の長さが5cm
寸法：幅27cm、長さ117cm

編み方：棒針で編みつける作り目(P.98)を参考に2本どりで編み始め、解説に従い角のみで編みつないでいきます。最後に編み地の回りにかぎ針で縁編みを編みつけます。

Point memo：縁編みは、モチーフごとの編み地のすきまと同じくらいのすきまになるように鎖編みを編みます。すべてでき上がったら、縁編みに軽くピンを打ち、スチームアイロン等で整えてもよいでしょう。

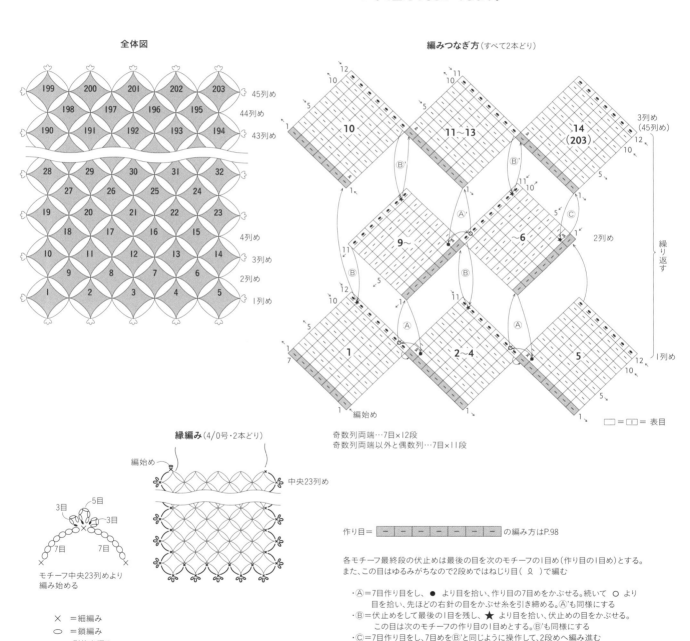

奇数列両端…7目×12段
奇数列両端以外と偶数列…7目×11段

作り目＝ の編み方はP.98

各モチーフ最終段の伏止めは最後の目を次のモチーフの1目め(作り目の1目め)とする。また、この目はゆるみがちなので2段めではねじり目(ᒐ)で編む

・Ⓐ＝7目作り目をし、● より目を拾い、作り目の7目めをかぶせる。続いて ○ より目を拾い、先ほどの右針の目をかぶせ糸を引き締める。Ⓐ'も同様にする
・Ⓑ＝伏止めをして最後の1目を残し、★ より目を拾い、かぶせる。この目は次のモチーフの作り目の1目めとする。Ⓑ'も同様にする
・Ⓒ＝7目作り目をし、7目めを⑧'と同じように操作して、2段めへ編み進む

同様に繰り返し、45列め(もしくは好みの長さ)になったら上図のようにモチーフを伏止めにして終わる

イレギュラーモチーフのハイネックヨークカラー → PAGE32,33

材料：[野呂英作] シルクガーデンの 茶系グラデーション(267) 125g、生成り系グラデーション(269) 60g
用具：5号棒針、4、5、6棒針（ゴム編み部分用）
ゲージ：メリヤス編み地 10cm四方が23目×30段（5号棒針）
寸法：カラーの丈20cm、衿口回り44cm、カラー裾回り115cm、衿高さ18.5cm
編み方：大きさの違うモチーフを繰り返し編み、輪にします。次の列からは変形モチーフを大きくしていく規則性の説明と図を参考に、編みつないでいきます。編始め位置である衿ぐりから目を拾い、解説に従って号数を替えて衿部分を編みます。

Point memo：この作品では、編みつなぐときに、いったん拾い目をし、最後の拾い目と編みつなぐモチーフを改めて2目一度で編みつないでいます。P.70の「イレギュラーモチーフのマフラー」と同じ考え方で、編みつなぎは、端から端まで1段ずつ飛ばして拾うと縦横の関係が一定に保たれる規則正しい大きさのモチーフの編み方と変わりませんので、基本の編みつなぎ方と同じように編めば、自然とランダムな形のモチーフが編みつながることになります。この作品では、さらにバリエーションとして、常に次のモチーフにつなぐときに、規則正しく目数、段数を増やすことで、変形のモチーフがつながりながら、それぞれのモチーフを大きくしていくデザインテクニックになっています。最終列まで編み図がありますが、規則がわかれば、難しいことではありません。衿の最後は、糸が甘撚りなので、伏止めにしています。

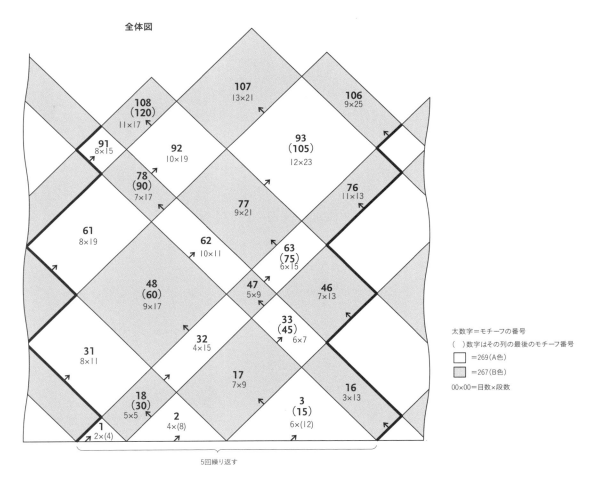

仕上げ（衿）

4号針を使いB色(267)で首回りからバランスよく108目拾い、輪に編む。
拾い目の次の段はすべて裏目で1段編み、以後は2目ゴム編みで50段編むが、
始めの18段を4号針、次の20段を5号針、最後の12段を6号針で編み、
表目の上は表目、裏目の上は裏目と最後まで目なりに編み伏せにする。

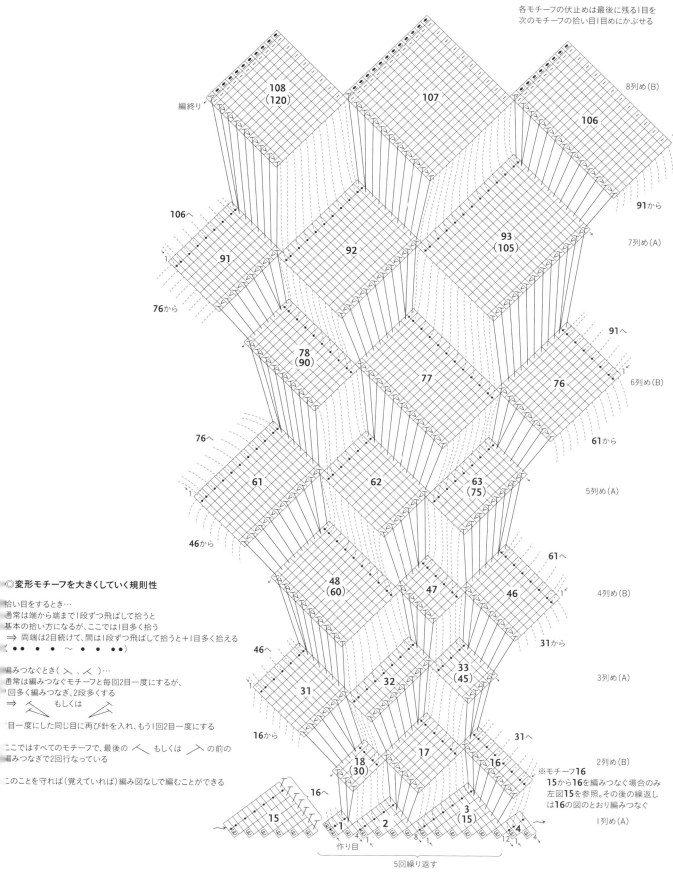

ツイストモチーフのマフラー → PAGE 34

材料：[ておりや] モークウールAの ミックス薄緑(18) 95g
用具：3号棒針(編み地自体を編む針以外に、ねじるモチーフ用・両端がとがったもの1本)
ゲージ：バスケット編み地1モチーフ(ねじらないモチーフ)の対角線の長さが4cm
寸法：幅19cm、長さ112cm

全体図

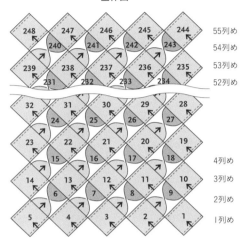

(実際の編み地は右下りの斜になります)

 =棒針で編みつける作り目
　　(作り目の方向 → 、) p.98を参照

各モチーフ最終段の最後の伏せ目を次のモチーフの1目めとする。
また、この目が奇数列の作り目の1目めにあたる場合はゆるみがちなので2段めではねじり目(Ω)で編む

偶数列の編み方…
両端がとがった別針を使い、14段メリヤス編みを編んだら右図のように180度ねじり、左針に移す

・Ⓐ=180度ねじった後、★ から目を拾い、左隣の目(モチーフ最終段の9目め)をかぶせる。この目は次のモチーフの1目め(右端のモチーフの場合のみ次のモチーフの作り目の1目め)とする
・Ⓑ=8目作り目をし、● に針を入れ、続けて休み目の ○ に針を入れ、糸をかけ、糸を引き出し、その後右針の8目めの作り目をかぶせる
・Ⓑ'= ● から目を拾い出し、その後右針の8目めの作り目をかぶせる

編み方：棒針で編みつける作り目(P.98)を参考に編み始め、偶数列は解説に従い、編んだ編み地を裏に返すようにねじり、編みつないでいきます。

Point memo：偶数列の編み図(2列め・以後繰り返し)は、14段めの編み進み方向(矢印)が、次のモチーフへ編みつなげない方向になっていますが、モチーフをねじる(裏返す)ことによって、次のモチーフへの移行が可能です。ねじりの向きを一方方向にしているので、最終的には斜行した編み地に仕上がります。

編みつなぎ方

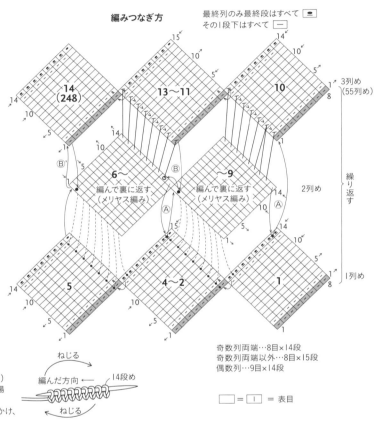

奇数列両端…8目×14段
奇数列両端以外…8目×15段
偶数列…9目×14段

□ = | = 表目

ラティスモチーフのネックウォーマーとリストウォーマー → PAGE 36, 37

材料：[オステルヨートランド] キャラメルの 黒、赤、グレーのグラデーション(12)でリストウォーマー35g、ネックウォーマー50g
用具：2号棒針、3号棒針、6/0号かぎ針(作り目用)
ゲージ：1モチーフの編み地…横2.6cm 縦2.2cm
寸法：リストウォーマーの手首回り17cm、丈16cm、ネックウォーマーの首回り45cm、丈16cm

編み方：本体は2号棒針、後から編始め側と編終り側から縁を編むときは3号棒針で編みます。別鎖の作り目から始め、ガーター編みに続き、モチーフを続けて編みます。次の列は前列のモチーフと編みつなぎますが、その後は、またガーター編みをし、まっすぐな編み地に戻します。同様に、編み図を参考に編み進めます。最後のガーター編みに続けて縁を編みつけ、始めの別鎖をほどき、同様に縁を編みつけます。

Point memo：ネックウォーマーは、リストウォーマーと全く同じ編み方ですが、目数、モチーフ数が違うので、解説文を参考に編んでください。

リストウォーマー

スカラップ（縁編み）

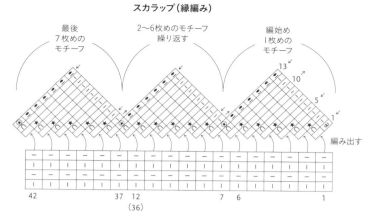

- ★ 引上げ目の編み方
- ∩ ＝右針に手前からかけ目のように糸をかけ左針の目を右針にすべり目のように移す
- ★ ＝前段で針にかけた目とすべらせた目を左上2目一度のように一緒に編む
- (★) ＝前段で針にかけた目とすべらせた目があるが、●（裏目の伏止め）をするので⊿（裏目の左上2目一度）をするように針を入れ、今までと同様に★を編み右針の目をかぶせ伏止めをする

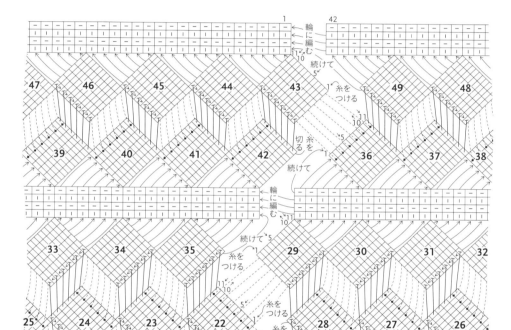

ネックウォーマー

別鎖の作り目を162目作り、リストウォーマーの編み図を参考に同様に編み進める。（6目1モチーフ×27回＝162目）リストウォーマーの編み図のモチーフ14が終わったあとのガーター編み部分の2段めでを繰り返し、3分の2の目数（108目）に減目し、（6目1モチーフ×18回＝108目）以後同様に編む。上下のスカラップ（縁編み）はリストウォーマーと同じ編みつけ方で編む。上記同様の数になるので首側18個、胸側27個編みつける

ガーター編みの減し目部分

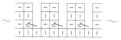

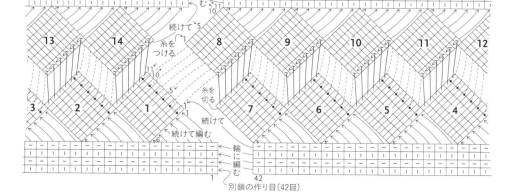

□ ＝ │ ＝ 表目

棘のモチーフのネックウォーマーとリストウォーマー →PAGE38,39

材料：[ホビーラホビーレ] ロービングキッスの 青、緑系グラデーション(40)でネックウォーマー75g、リストウォーマー60g

用具：5号棒針

ゲージ：ネックウォーマーはバスケット編み地1モチーフの対角線の長さが6.5cm、リストウォーマーはバスケット編み地1モチーフの対角線の長さが4cm

寸法：ネックウォーマーの首回り最大幅53cm、丈15cm、リストウォーマーの手首回り最大幅22cm、丈16cm

編み方：編み図を参考に、ネックウォーマーは、1列と2列は通常どおりに編みつなぎますが、以後、1列と3列、4列と5列…と、それぞれペアになるように、編みつなぎます。通常は、奇数列、偶数列で編み進み方向が逆になりますが、立体に編みつなぐため、ペアになる2列ごとは、同じ方向に編み進みます。リストウォーマーも同様に編みますが、始めの列と終りの列も四角のモチーフから編み始め、後で裏側に折り返し仕上げます。

Point memo：この作品では、とがるようにモチーフを編みつなぐため、角がきれいに出るように、編みつなぐときに、いったん拾い目をし、最後の拾い目と編みつなぐモチーフを、改めて2目一度で編みつないでもよいでしょう。また、それぞれの作品の始まりは、どちらからも編み始めることができる例として、それぞれ右から編み始めるものと、左から編み始めるものにしてみました。ネックウォーマーを左から編み始める場合は、プロセス説明を参考にしてください。

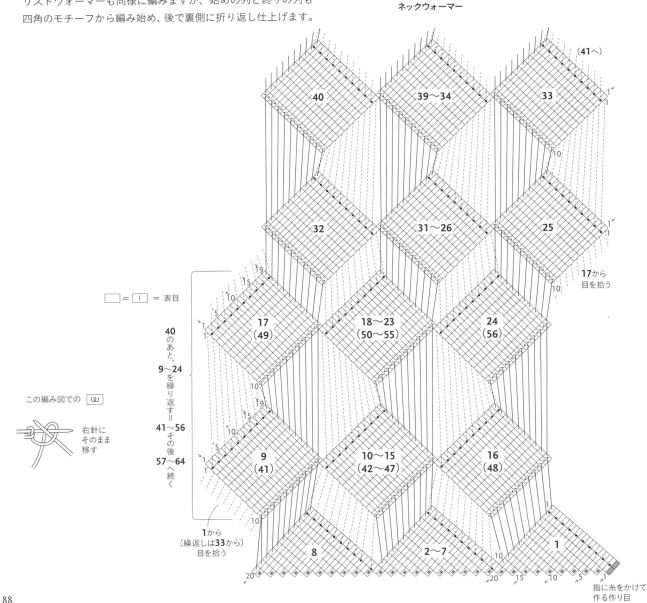

ネックウォーマー

ネックウォーマー　全体図
基本モチーフ　10目×19段

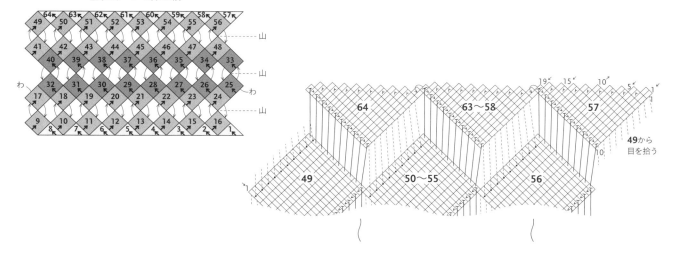

49から目を拾う

リストウォーマー

リストウォーマー　全体図
（基本モチーフ　6目×11段）

1～5列と66～70列は裏側に折返してまつる

編始めと編終り

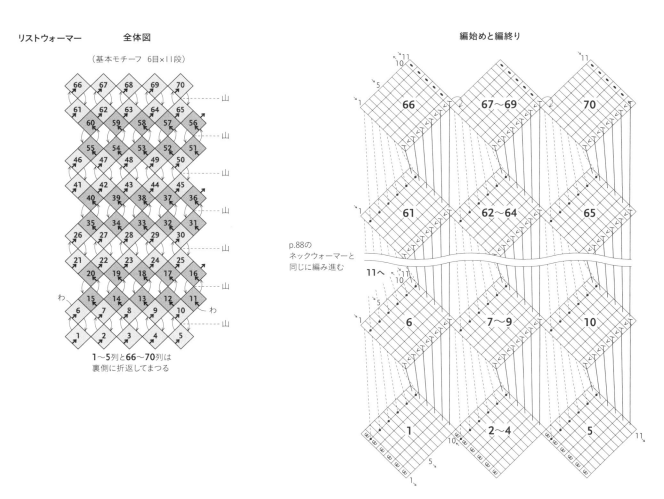

p.88のネックウォーマーと同じに編み進む

コサージュ2種とネックアクセサリー　→PAGE 40, 41

材料：[ておりや]モークウールA　各色少々（色番号一覧は別表）、出来上り参考の重さ　花（大・葉つき）＝15g、花（大）＝13g、花（小）＝10g、ひまわり＝9g、ビーズ、リボン（4mm幅と7mm幅）少々、その他、コサージュ用ピン、強めの糸等
用具：2号棒針
寸法：それぞれ直径　花（大・葉つき）12cm、花（大）10cm、ひまわりと花（小）8cm

編み方：配色表で色番号を確認し、指に糸をかけて作る作り目で始めます。1列と2列は通常どおりに編みつなぎますが、以後、2列と3列、4列と5列…と、それぞれペアになるように、編みつなぎます。通常は、奇数列、偶数列で編み進み方向が逆になりますが、立体に編みつなぐため、ペアになる2列ごとは、同じ方向に編み進みます。裏になる部分は、編始め位置より目を拾い、図に従い丸い編み地に整えます。編終りは、休み目を強い糸にすべて通し引き絞ります。花心にビーズ等をつけ、編み地の浮きを落ち着かせます。ひまわりは、コサージュの裏面にあたる部分を花の中心（表面）とし、編始め位置より目を拾い編みます。編終りは、コサージュ同様に引き絞り、裏面とします。葉、リボン等をつけ、好みのスタイルにまとめます。

Point memo：この作品では、とがるようにモチーフを編みつなぐため、角がきれいに出るように、編みつなぐときに、いったん拾い目をし、最後の拾い目と編みつなぐモチーフを改めて2目一度で編みつないでもよいでしょう。形がきれいに保ちにくい場合は、花びらの裏に多少の綿を詰めるなど、工夫してもよいでしょう。

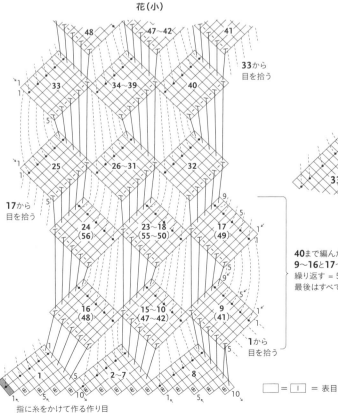

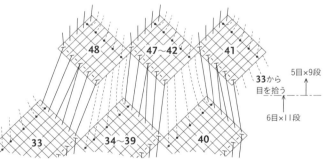

花（大）

・花（小）を参考に2目作り目から始め、1〜8はそれぞれのモチーフの目数が6目になるように作り、以後6目×11段で編みつないでいく
・モチーフ41以降は最後（56）まで5目×9段（花（小）と同じ）にする（下図参照）
・最後はすべて休み目

配色・(色番号)

	1・3・5・7 列	2・4・6 列と裏面
大 1	24	10
大 2	23	9
小 1	23	11
小 2	24	7
小 3	26	25
大・葉つき(コサージュ)	23	10
葉	大 × 2枚 = 7と8	小 × 1枚 = 7

まとめ方

花(大) 裏面　　　花(小) 裏面

1列めの編始めの辺から、モチーフごとに6目(5目)ずつ拾い、全体で8モチーフ分＝48目(40目)拾い、図のように輪に編み、最後の8目を絞る
( )数字は(小)

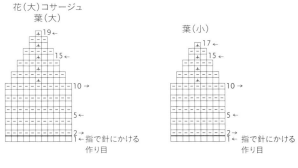

花(大)コサージュ
葉(大)　　葉(小)

・花の最後のすべての休み目を強い糸に通して絞る
・中心に好みのビーズをとめつけ、編み地の浮きを落ち着かせる
・コサージュは葉をバランスよく裏面にとめつける

・ネックアクセサリーは図を参考につなぎ、端にリボンをつける

リボン
緑(太)
明るい茶色(細)

リボン
濃い紫(太)
ワイン(細)

ひまわり　全体図

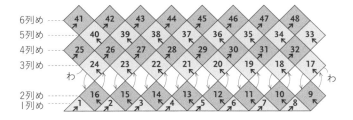

ひまわり・中心

1列めの編始めの辺から1モチーフごとに5目ずつ拾い、全体で8モチーフ分＝40目拾い図のように輪に編み、最後の16目を絞る

・6列めのすべての休み目を強い糸に通して絞る

ひまわり (〜32までは花(小)と同じ)

最後は休み目

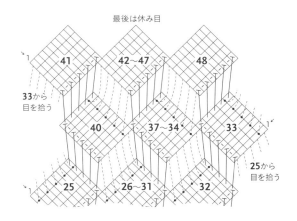

ひまわり　配色・(色番号)

1・3・5 列	2・4・6 列	花の中心
3	4	7

ケルト模様のマフラー →PAGE42,43

材料：[パピー]ソフトドネガルの 水色ミックス(5204) 230g
用具：7号棒針、縄編み針
ゲージ：1モチーフの編み地 横8cm 縦10cm
寸法：最大幅26cm、最小幅13cm×長さ150cm
編み方：棒針で編みつける作り目(P.93)を参考にモチーフを編み始めます。それぞれのモチーフ(A〜D)は、編み図の模様編みの中心線の位置と、個別の縄編み模様図の中心線の位置を照らし合わせ、確認して編みます。始めのみモチーフAを編み、以後は、B、CとDの繰返しをします。

Point memo：縄編み模様の交差と柄の向き違いが2種類、編みつなぐときにどちらかの端1目が減ることや、モチーフの上下が本体自身の端になるための作り目や伏止め、そして常に表面で縄編みの操作(交差)をするために、細かい部分の違いがありますが、4種のモチーフの編みつなぎができれば、以後3種のモチーフの繰返しになります。AとDの最終段の最後の目は、この目に針を入れてBの作り目の1目を編み出すため、目がゆるみがちになります。B側からDへ左上2目一度(始めのみB側からAへ左上3目一度)する際は、AもしくはDの目をねじり目にするとゆるみが気にならなくなります。

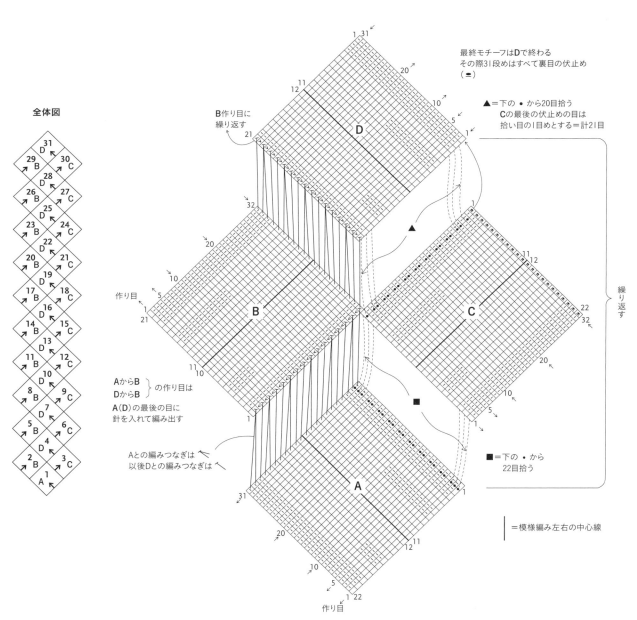

ケルト編み図

ケルト模様編み

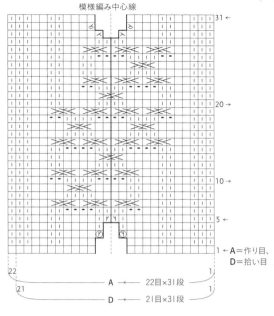
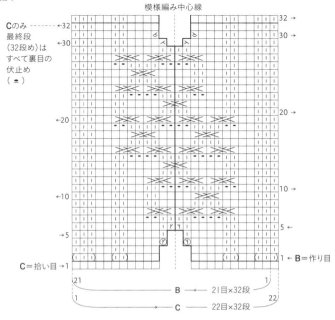

□ = ⊟ = 裏目
⑦ = 増し目にする目を ℚ にねじって編む
⑦ = 増し目にする目を ℚ にねじって編む
│ = 模様編み左右の中心線

✕✕ = 左上2目一度（下の目は裏編み）
✕✕ = 右上2目一度（下の目は裏編み）

棒針で編みつける作り目の編み方

1
輪の中に針を通す（1目め）

2
表目を編む要領で糸を引き出す

3
右針にかかった目をねじりながら左針に移す（2目め）

4
糸をかけて引き出す

5
右針の目を左針にねじりながら移すと3目めの出来上り。3、4の要領で目を作る

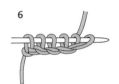
6
最後のループは左針にかける。1段めの出来上り

木の葉もようのマフラーとベレー → PAGE 44, 45

材料：[パピー]ブリティッシュエロイカの ベージュ（143）でマフラーは225g、ベレーは130g

用具：7号棒針、縄編み針、5号棒針（ベレーゴム編み部分用）

ゲージ：バスケット編み地1モチーフの対角線の長さが10.5cm

寸法：マフラーの幅18cm長さ138cm、ベレーの直径26cm 深さ20cm（ゴム編み部分3cmを含む）

編み方：マフラーは裏メリヤス編み地が表面になります。編み図の模様編みの中心線の位置と、個別の模様編み図の柄の中心を照らし合わせ、全体図でパイピングの段数と模様編み（葉・大、葉・中、葉・小、木の実）のいずれかを確認して編みます。ベレーも、裏メリヤス編み地が表面になります。マフラーと同様に、編みつなぎの図の模様編みの中心線の位置と、個別の模様編み図の柄の中心を照らし合わせ、全体図でパイピングの段数と模様編み（葉・大、葉・中、木の実）のいずれかを確認して編みます。始めの5モチーフは前のモチーフから目を拾い編み進め、5モチーフ編んだら、輪にして編み進みます。編終りからゴム編みを編み出し、編始め位置からチョボを編み出します。

Point memo P.92の「ケルト模様のマフラー」が操作（交差）するのが表面になるため1段のずれが生じるのに対し、この作品は、左右どちらから編み始めても同じ段数になっているため、裏面を手前に（見ながら）操作することが必要になります。枝に見立てたパイピングのモチーフごとの境目は、なだらかに枝がつながって見えるように、それぞれのパイピングの端を、目と目のすくいとじでつなげています。木の葉模様の7目編み出し位置は、穴が大きくなりがちです。そのままでもよいし、気になるようなら、編み地の糸を裏から絞るように引き寄せて、ダブついた糸は、表面にひびかないように、裏面の編み地にくぐらせ落ち着かせましょう。

マフラー

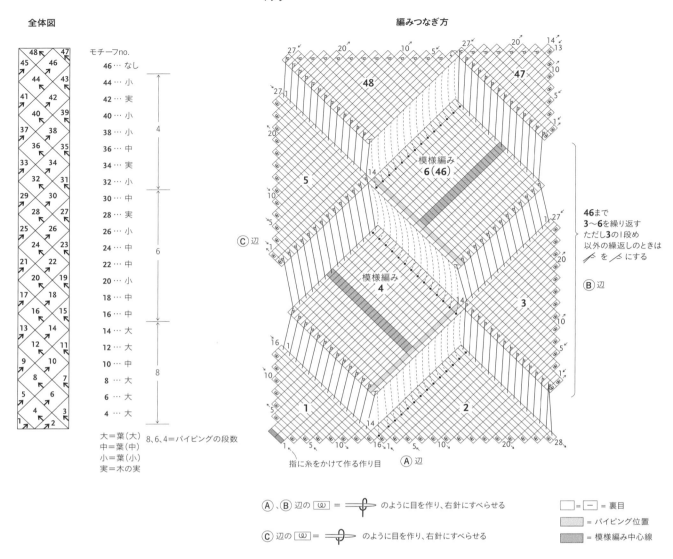

葉(大) / 葉(中)

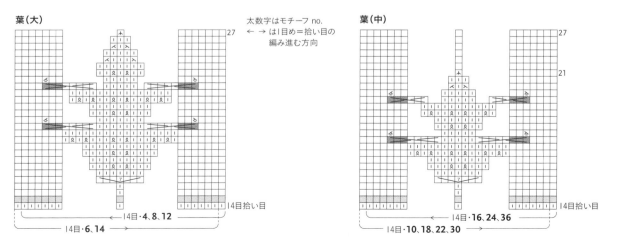

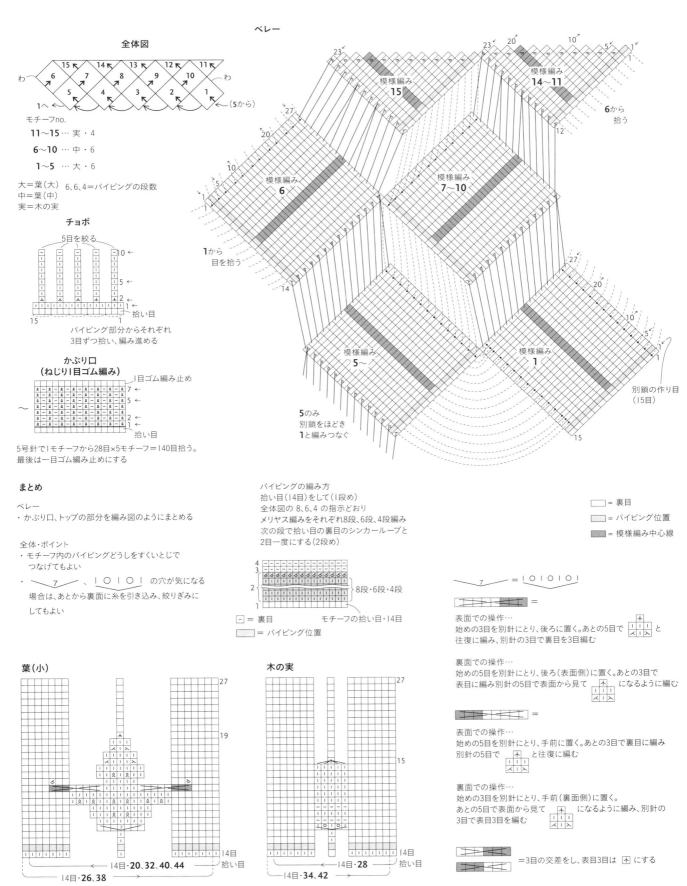

キノコのベレー → PAGE 46

材料：[シェットランド製フェアアイル毛糸（2プライ・ジャンパーウェイト・中細タイプ）]の ミックス黄緑（FC12）48g、オレンジ（FC38）5g、ミックス茶（FC44）9g、濃オレンジ（122）3g、生成り（202）4g、濃赤（9113）6g [アップルトン]クルウェルウールの 白系（988、992）、緑系（244、245、256）各色少々
用具：2号棒針、1号棒針（ゴム編み部分用）、2/0号かぎ針
ゲージ：バスケット編み地1モチーフの対角線の長さが5.3cm
寸法：直径28cm、深さ23cm（ゴム編み部分2cmを含む）

編み方：図を参考に、1列めの三角のモチーフを11個編み、輪にして2列めに編み進みます。きのこの編込みは、縦に糸を渡す編込み（アーガイル編みの方法）、ミックス黄緑の地の糸は、横に糸を渡す編込み（フェアアイル編みの方法）の両方を使い、編み込みながらモチーフを編みつないでいきます。3列・33モチーフまで編めたら、トップの編み図を参考に、休み目と段から目を拾い、目数を整えて、指示どおり、色を替え、裏目を入れながら、ジグザグ模様のまま減目していきます。編み始め部分から目を拾い、1号棒針でゴム編みを編み、ダブルにとじつけます。トップには、かぎ針でチョボの立体のきのこを作り、とじつけます。図を参考に、それぞれのきのこに刺繍をします。

Point memo：この作品では、編みつなぐときに、いったん拾い目をし、最後の拾い目と編みつなぐモチーフを改めて2目一度で編みつないでいます。きのこの刺繍は、バスケット編み部分が編み上がったときに先に刺してもよいでしょう。木の葉のベレーがトップから編み始めたのとは逆に、こちらはかぶり口から編み始めています。

全体図

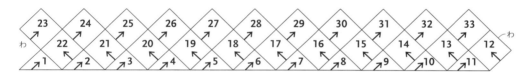

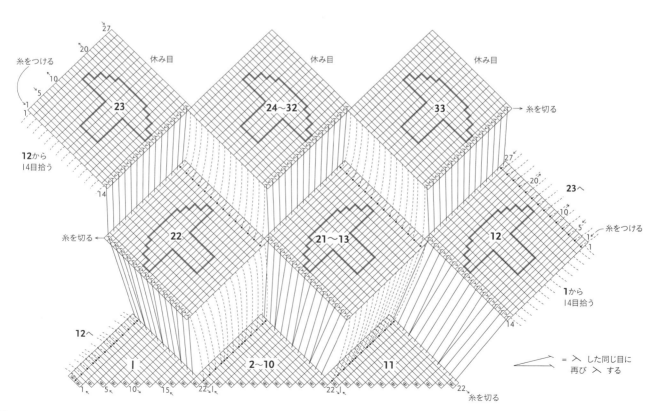

編込み図案

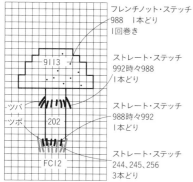

- □ = | = 表目
- ♀、♀ = 目と目の間の渡り糸をねじり、それぞれの表目、裏目を編む
- ♀ = ♀
- ♀ = どちら向きのねじりでもよい

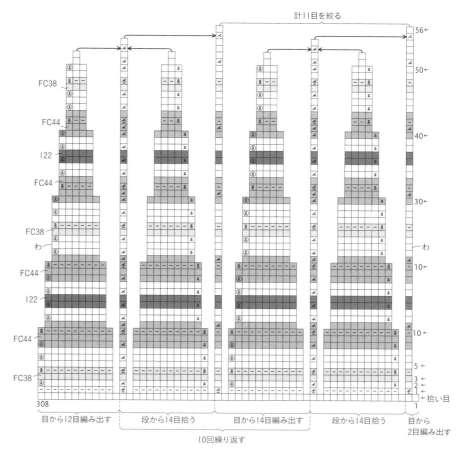

任意のモチーフのとがった角の休み目2目から編み出し、続けて段側の1目内側から14目拾い、続けて休み目側から14目編み出す。
14目×2回（段からと目から）＝28目×11モチーフ＝308目

かぶり口…
1号針でモチーフ1〜11からFC12で138目（2モチーフから約25目）拾い、1段裏目、2段めからは1目ゴム編みで20段編み、最終段の目をゴム編みの拾い目をした裏側にとじつける

チョボの立体きのこ
（2/0号かぎ針）

傘

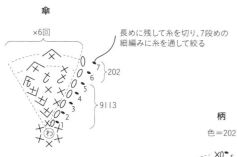

長めに残して糸を切り、7段めの細編みに糸を通して絞る

段数	目 数	色番号
7	6(-6)	202
6	12(-6)	
5	18(-6)	
4	24(+6)	9113
3	18(+6)	
2	12(+6)	
1	6	

柄
色=202

輪を作り、細編み5目、増減なしで5段編む

- × = 細編み
- ≫ = 細編みを1目増す
- ⋀ = 細編みを1目減らす
- • = 引抜き編み
- ℧ = 細編み裏引上げ編み
- ⋀ = 細編み裏引上げ2目一度

仕上げ

傘の7段めの絞った糸で表（傘）と裏（ヒダ）を数か所縫いつける。
柄をヒダ中心に縫いつける

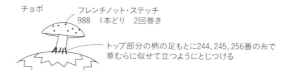

基本のテクニック ◆ 棒針編み

◆作り目

[指に糸をかけて作る作り目]

1
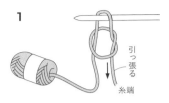
1目めを指で作って針に移し、糸を引く

2
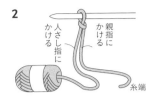
1目めの出来上り

3
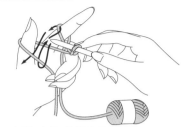
矢印のように針を入れて、かかった糸を引き出す

4

親指の糸をいったんはずし、矢印のように入れ直して目を引き締める

5
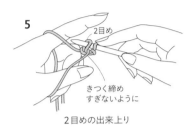
2目めの出来上り

6
出来上り。1本を抜き取り、左手に持ち替えて2段めを編む

[別鎖の作り目]

1

編み糸に近い太さの木綿糸で、鎖編みをする

2

ゆるい目で必要目数の2、3目多く編む

3

編み糸で、鎖の編始めの裏の山に針を入れる

4

必要数の目を拾っていく

5
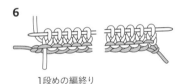
編み地を返して、1段めを編む ──表編み

6
1段めの編終り

[棒針で編みつける作り目]

P.83「七宝つなぎのマフラー」、P.86「ツイストモチーフのマフラー」の作り目（矢印は最終的な編み進み方向）

← （表編みで）

1

1目めの中に針を入れ、糸をかけ、引き出す

2
左針にかける

3
1目めと2目めの間に針を入れ、糸をかけ、引き出し左針にかける

4
繰り返し最後は7目めを右針に移し、6目めと7目めの間に糸を通す

5
左針を返して、表面から見た作り目

→ （裏編みで）

1
1目めの中に裏編みを編むように針を入れる

2

糸を引き出す

3
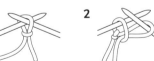
左針にかける

4

1目めと2目めの間に向うから針を入れる

5

糸をかけ、引き出し左針にかける

6
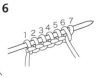
表面から見た作り目

◆ 編み目記号と編み方

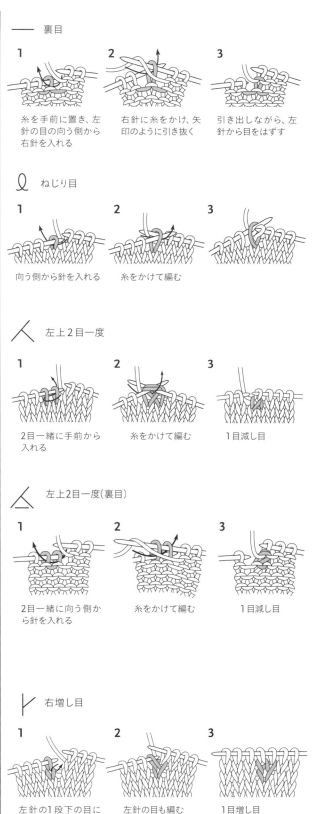

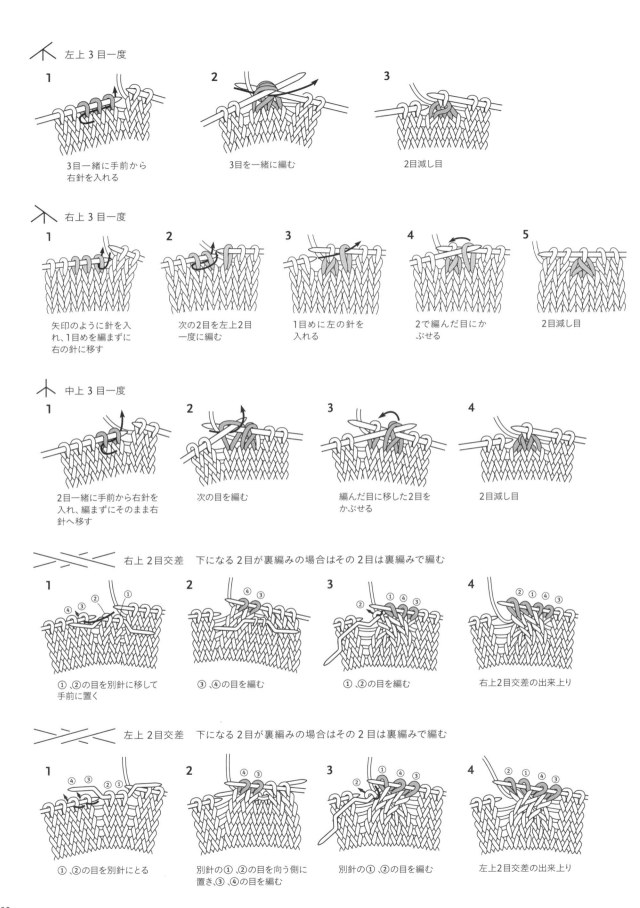

中上5目一度

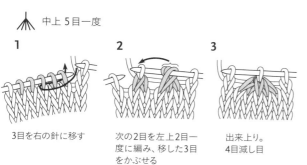

1. 3目を右の針に移す
2. 次の2目を左上2目一度に編み、移した3目をかぶせる
3. 出来上り。4目減し目

すべり目

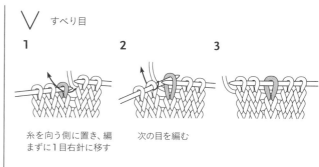

1. 糸を向う側に置き、編まずに1目右針に移す
2. 次の目を編む

✦ 巻き増し目

✦ ねじり増し目

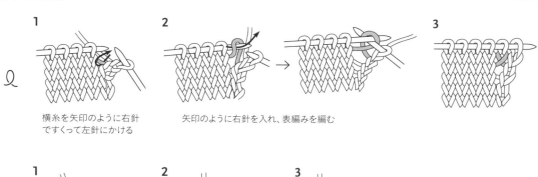

1. 横糸を矢印のように右針ですくって左針にかける
2. 矢印のように右針を入れ、表編みを編む

1. 横糸を左針で矢印のようにすくう
2. 矢印のように右針を入れ、表編みを編む

✦ 止め方

[伏止め（表目）]

1. 端の2目を表編みし、1目めを2目めにかぶせる
2. 表編みし、かぶせることを繰り返す
3. 最後の目は、引き抜いて糸を締める

[伏止め（裏目）]

1. 端の2目を裏編みし、1目めを2目めにかぶせる
2. 裏編みし、かぶせることを繰り返す
3. 最後の目は、引き抜いて糸を締める

基本のテクニック ✤ かぎ針編み

✤ 編み目記号と編み方

◯ 鎖編み

1
2
糸端を引いて目を引き締め、矢印のように糸をかける

3
4
必要な目数を編んで作り目にする。最初の目は太い糸や特別なとき以外は目数に数えない

✕ 細編み…鎖1目で立ち上がって編む。立上りの1目は目数に数えない

1
2
3
4
5

● 引抜き編み

1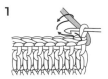
糸を向う側に置き、編終りの目に針を入れる

2
針に糸をかけ、一度に引き抜く

3
4

✕/ 細編みを1目増す

1
増す位置の同じ目から糸を引き出す

2
細編みを編む

3
前段の1目に細編みを2目編み入れたところ

4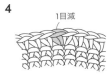
1目増

✕/\ 細編みを1目減らす

1
1目の糸を引き出し、次の目からも糸を引き出す

2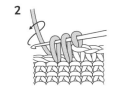

3
針に糸をかけ、一度に引く抜く

4
1目減
細編み2目一度といい、1目と数える

✕ 細編み裏引上げ編み

1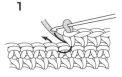
矢印のように針を入れ、前段の柱をすくう

2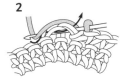
針に糸をかけて矢印のように編み地の向う側に引き出す

3
少し長めに糸を引き出し、細編みの要領で編む

4
前段の頭の鎖目が手前側に向いて編める

★この本で使用した毛糸　各作品の糸をご紹介します。太さや長さなど、ご自分で編むときの参考にしてください

作品ページ	メーカー	糸名	仕立て	長さ	太さ	品質
4・28	ジェイミソンズ	スピンドリフト	25g	105m	中細	シェットランドウール100％
4・10左・18 28・46	シェットランド製	フェアアイル毛糸（2プライ・ジャンパーウェイト・中細タイプ）	25g	118m	中細	シェットランドウール100％
6	イサガー	ハイランドウール	50g	275m	中細	ウール100％
6	イサガー	シルクモヘア	25g	210m	中細	スーパーキッドモヘア70％、シルク30％
8	リッチモア	アルノ	30g	90m	並太	ウール40％、モヘア35％、ナイロン25％
10中・右	レギア	ツィード	50g	200m	中細	スーパーウオッシュウール70％、ポリアミド25％、ビスコース（レーヨン）5％
12	リッチモア	キャメルツィード	25g	85m	合太	ウール（キャメル）100％
12	リッチモア	エクセレントモヘア〈カウント10〉	20g	200m	極細	スーパーキッドモヘア71％、ラムウール5％、ナイロン24％
15・30	オステルヨートランド	オンブレ	100～120g	300m(100g)	合太	ウール100％
15	オステルヨートランド	ベルス	100g	600m	極細	ウール100％
16	イサガー	スピニ	50g	300m	合細	ウール100％
20	ておりや	Ｔハニーウール	70～80g	210m(100g)	並太	ウール100％
22	パピー	ボットナート	40g	94m	並太	ウール100％
24・32	野呂英作	シルクガーデン	50g	100m	並太	モヘア45％、毛10％、シルク45％
26	ローワン	フェルテッドツィード	50g	175m	中細	メリノウール50％、アルパカ25％、レーヨン25％
30	オステルヨートランド	ヴィーシェ	100～120g	300m(100g)	合太	ウール100％
30・36	オステルヨートランド	キャラメル	100～120g	300m(100g)	合太	ウール100％
34上	ローワン	キッドシルクヘイズ	25g	210m	極細	スーパーキッドモヘア70％、シルク30％
34下・40	ておりや	モークウールA	90～100g	340m(100g)	合太	ウール100％
38	ホビーラホビーレ	ロービングキッス	40g	99m	並太	ウール62％、アクリル25％、ナイロン13％
42	パピー	ソフトドネガル	40g	75m	並太	ウール100％
44	パピー	ブリティッシュエロイカ	50g	83m	極太	ウール100％（英国羊毛50％以上使用）
46	アップルトン	クルウェルウール	─	25m	極細	ウール100％

嶋田俊之　好評既刊

手編みのソックス
初心者からベテランまで
ソックス編みを楽しめる、
手編み靴下の奥深い魅力を紹介。

裏も楽しい手編みのマフラー
さまざまな棒針編みの技法で、
裏も自慢して見せたくなるような
編み地のマフラー。

手編みのてぶくろ
棒針編み、5本指の基本の編み方から、
装いのアクセントになる
表情豊かな美しい手袋まで。

シェットランド・レース
優雅で繊細、
羽のようなシェットランド・レースは
ニットファンの究極です。
冬のショールから細い糸では
ウェディングベールにも。

デザイン・製作
嶋田俊之 Toshiyuki Shimada

大阪音楽大学大学院修了。パリ国立音楽院に短期給費研修派遣。英国王立音楽大学（ロンドン）ＡＲＣＭ等各種ディプロマを取得修了。
その後ウイーンにも学ぶ。コンクール等での受賞を重ね、多数の演奏会に出演。
学生時代よりクラフトに加えニットを始め、ヨーロッパ滞在中にニットを中心とするテキスタイルを専門的に学び、
著名デザイナーのワークショップに参加、アシスタントも務める。また各地のニッターから伝統技法の手ほどきを受ける。
現在は、書籍、講師やテレビ出演、海外からのデザインの依頼や訳本等、幅広く活躍。
フェアアイル・ニットやシェットランド・レースなどを中心とする伝統ニットをベースに、自由な作風の作品群にも人気があり、
繊細な色づかいと手法で好評を得ている。
著書に『ニットに恋して』『北欧のニットこものたち』『ニット・コンチェルト』（以上日本ヴォーグ社）、
『手編みのソックス』『裏も楽しい手編みのマフラー』『手編みのてぶくろ』『シェットランド・レース』（以上文化出版局）がある。

ブックデザイン	若山嘉代子　佐藤尚美　L'espace	
撮影	馬場わかな　安田如水（文化出版局・プロセス）	
スタイリング	白男川清美	
ヘア＆メークアップ	廣瀬瑠美	
モデル	甲田益也子	
デジタルトレース	しかのるーむ　文化フォトタイプ	
製作協力	大坪昌美　髙野昌子	
校閲	向井雅子	
編集	志村八重子　大沢洋子（文化出版局）	

● 協力
ハマナカリッチモア　Tel. 075-463-5151　http://www.hamanaka.co.jp/
ておりや（オリジナル糸、オステルヨートランド）　Tel. 06-6353-1649　http://www.teoriya.net/
ダイドーインターナショナル　パピー　Tel. 03-3257-7135　http://www.puppyarn.com/
野呂英作　Tel. 0586-51-3111　http://www.eisakunoro.com
ホビーラホビーレ　Tel. 03-3472-1104　http://www.hobbyra-hobbyre.com/
Room amie（ローワン、イサガー）　Tel. 06-6821-3717　http://www.roomamie.jp/
Yarn room フラフィ（シェットランド製毛糸）　Tel. 06-7897-3911（担当 大坪）　受付は月曜のみ13:00〜18:00（祝日の場合は休み）
その他のお問合せ先　土井手芸（アップルトン）　Tel. 078-222-3000　http://www.doishugei.com/　Keito（ジェイミソンズ）　Tel. 03-6311-7156　info@keito-shop.com
レギア　http://www.yarn.com/webs-knitting-crochet-yarns-regia/

● 撮影協力
mt.Roots(Veritecoeur)　Tel. 092-533-3226
　（p.5シャツワンピース、p.15パンツ、p.17シャツワンピース、p.21ブラウス、p.23パンツ、p.36,37,38シャツ、p.36パンツ、p.43シャツ）
クリップ クロップ（キャプテン サンシャイン、オーラリー）　Tel. 03-5793-8588
　（p.12コート、p.14,32,33シャツワンピース、p.22,23タートルネックカットソー、p.24,25リブタートルネックセーター、p.27シャツワンピース）
ハリス グレース青山店（ハリス グレース）　Tel. 03-3479-5840　（p.7シャツ）
ハリス銀座マロニエゲート店（ハリス）　Tel. 03-5524-7705　（p.7パンツ、p.45シャツ）

バスケット編み
entrelac knitting

2015年11月9日　第1刷発行
2016年9月26日　第3刷発行

著　者　嶋田俊之
発行者　大沼 淳
発行所　学校法人文化学園 文化出版局
　　　　〒151-8524　東京都渋谷区代々木3-22-1　tel.03-3299-2489（編集）　03-3299-2540（営業）
印刷・製本所　株式会社文化カラー印刷

©Toshiyuki Shimada 2015 Printed in Japan
本書の写真、カット及び内容の無断転載を禁じます。

・本書のコピー、スキャン、デジタル化等の無断複製は著作権法上での例外を除き、禁じられています。
　本書を代行業者等の第三者に依頼してスキャンやデジタル化することは、たとえ個人や家庭内での利用でも著作権法違反になります。
・本書で紹介した作品の全部または一部を商品化、複製頒布、及びコンクールなどの応募作品として出品することは禁じられています。
・撮影状況や印刷により、作品の色は実物と多少異なる場合があります。ご了承ください。

文化出版局のホームページ　http://books.bunka.ac.jp/